「木崎理論」とは何か

映画鑑賞運動の理論と木崎敬一郎

塩見正道

風来舎

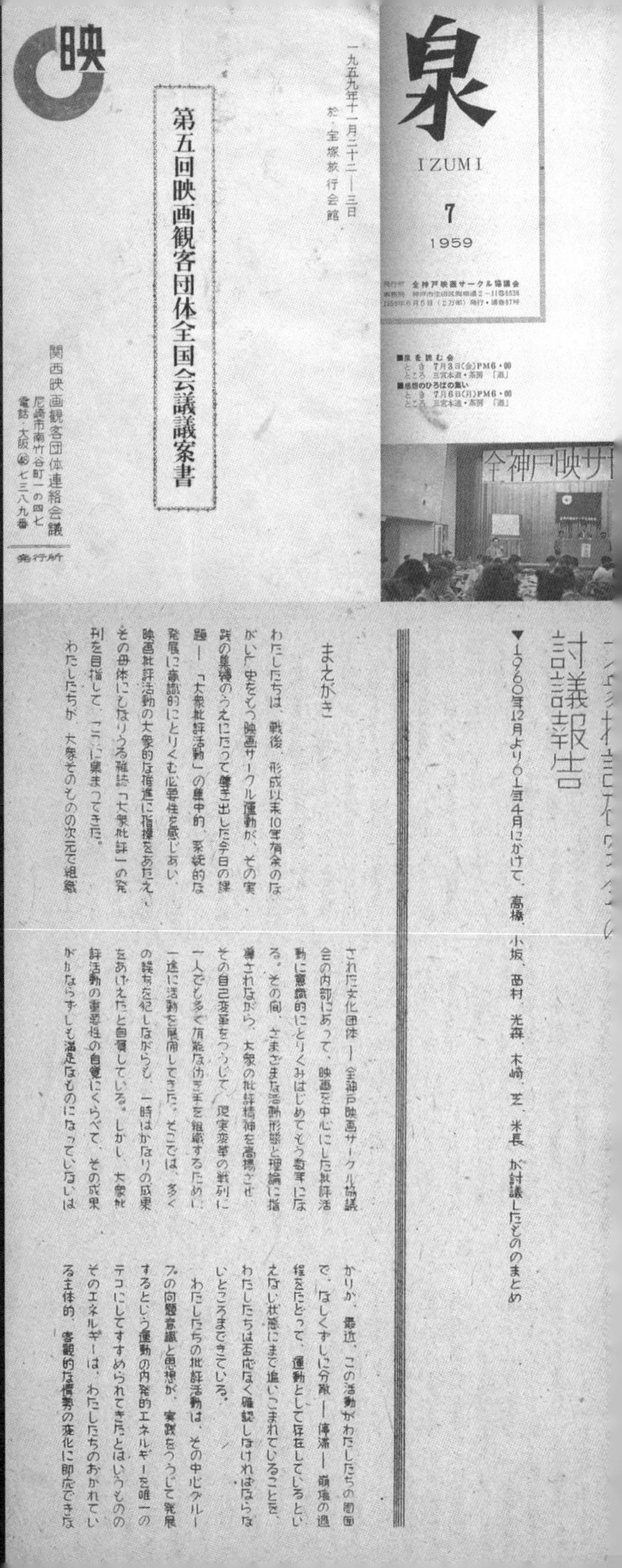

泉

IZUMI

7

1959

発行所 全神戸映画サークル協議会

■泉を読む会
とき 7月3日(金)PM6・00
ところ 三宮本通・茶房「道」

■感想のひろばの集い
とき 7月6日(月)PM6・00
ところ 三宮本通・茶房「道」

第五回映画観客団体全国会議議案書

一九五九年十一月二十二―三日
於・宝塚旅行会館

発行所
関西映画観客団体連絡会議
尼崎市南竹谷町一の四七
電話・大阪(48)七三八九番

討議報告

▼1960年12月より61年4月にかけて、高橋、小坂、西村、光森、木崎、芝、米長が討議したもののまとめ

まえがき

わたしたちは、戦後、形成以来10年有余のながい歴史をもつ映画サークル運動が、その実践の集積のうえにたって生み出した今日の課題――「大衆批評活動」の集中的、系統的な発展に意識的にとりくむ必要性を感じあい、映画批評活動の大衆的な推進に指標をあたえ、その母体にもなりうる雑誌「大衆批評」の発刊を目指して、ここに集まってきた。

わたしたちが、大衆そのものの次元で組織された文化団体――全神戸映画サークル協議会の内部にあって、映画を中心にした批評活動に意識的にとりくみはじめてもう数年になる。その間、さまざまな活動形態と理論に指導されながら、大衆の批評精神を高揚させその自己変革をつうじて、現実変革の戦列に一人でも多く有能な働き手を組織するために一途に活動を展開してきた。そこでは、多くの誤ちを犯しながらも、一時はかなりの成果をあげえたと自負している。しかし、大衆批評活動の重要性の自覚にくらべて、その成果がかならずしも満足なものになっていないばかりか、最近、この活動がわたしたちの周囲で、なしくずしに分散――停滞――崩壊の過程をたどって、運動として存在しているといえない状態にまで追いこまれていることを、わたしたちは否応なく確認しなければならないところまできている。

わたしたちの批評活動は、その中心グループの問題意識と思想が、実践をつうじて発展するという運動の内発的エネルギーを唯一のテコにしてすすめられてきたとはいうもののそのエネルギーは、わたしたちのおかれている主体的、客観的な情勢の変化に即応できな

「木崎理論」とは何か　映画鑑賞運動の理論と木崎敬一郎

木崎敬一郎（1978年１月、神戸映画サークル事務所にて）

まえがき

日本で初めて映画が上映されたのは神戸である。塚田嘉信氏の研究[*1]によると、一八九六（明治二九）年十一月二十五日から十二月一日まで神戸花隈《はなくま》の神港倶楽部においてエジソンが発明したキネトスコープによる日本最初の映画の一般上映会が催された。このキネトスコープの所有者は神戸相生町三丁目の銃砲火薬商、高橋信治氏であった。

その一〇〇周年にあたる一九九六年の十一月一日から十二月一日まで、「神戸100年映画祭」（神戸100年映画祭実行委員会、神戸市、神戸市民文化振興財団主催）が、神戸朝日ホールをメイン会場に、アンジェイ・ワイダ、アッバス・キアロスタミ、陳凱歌ら多数のゲストを招いて開かれた。私は広報スタッフのひとりとして、会期中に発行した速報紙「神戸100年映画祭通信」にかかわった。「映画新聞」の景山理氏らと締め切りに追われた日を懐かしく思い出す。

映画祭は大盛況のうちに終わった。その後も報告集『1996神戸100年映画祭記録』（一九九七年六月発行）の編集に加わり、さらには総合プロデューサーの因幡新平氏の「神戸の映画の歴史を本にして出版する」という企画に執筆者として参加した。この本は一九九八年四月に、神戸新聞総合出版センターから『神戸とシネマの一世紀』（神戸100年映画祭実行委員会・神戸映画サークル協議会編）として出版された。

このなかの「神戸映画サークル協議会の五十年」は私が担当した。執筆のため、当時、神戸市中央区海岸通二丁目にあった事務所の片隅に埃をかぶったまま積み上げられていた十数個の段ボール箱を開け、なかにあった古い機関紙誌や会議録などの資料を調べはじめた。

その作業のなかで、私は木崎敬一郎の若き日の姿を〈発見〉した。一九五九年十一月、全国の映画観客団体の会議が兵庫県宝塚市で開かれていたこと。そのとき木崎が鑑賞運動における画期的提案をしたこと。「映画と批評の会」という映画作家と観客が一体となった組織があったこと。すべて知らないことだった。不思議に思われるかもしれないが、当時私が知っていた映画サークル運動の歴史に「木崎理論」は書かれていなかった。

原稿締め切りの関係から『神戸とシネマの一世紀』ではこの問題は簡単にふれるにとどめざるを得なかった。いらい、私は一九五〇年代の木崎をもっと知りたいと思うようになった。

#「木崎理論」とは何か　映画鑑賞運動の理論と木崎敬一郎　目次

*中扉挿画　木崎敬一郎

序章 「木崎理論」誕生まで

記録映画作家協会の機関誌『記録映画』[*1]の一九六二年一月号から六三年七月号にかけて、「映画サークル運動の十年」という文章が連載されている。執筆者は、当時東京映画愛好会連合幹事であった山之内重巳[*2]である。この文章は「六〇年安保直後」の時点にあって、山之内が映画サークル運動十年の歴史を総括しようと試みたものであるが、その重要な判断基準として「木崎理論」を位置づけていることに注目すべき意味がある。

同誌一九六二年十二月号に掲載された「映画サークル運動の十年・7」は、一九五九年十一月に兵庫県宝塚市で行われた第五回映画観客団体全国会議から説き起こされる。いまではだれも知らないであろうこの会議が、その時までほとんど無名であった木崎敬一郎が「木崎理論」と呼ばれる映画鑑賞運動についての画期的提案を行った会議なのである。

山之内は木崎の発言が「大きな反響をよ」び、「反対意見もいくつか出ているのであるが思想的にはそれほどの深さと内容を持ちえなかったし、（……）それをもはねのけている木崎理論は（……）変革のイメージそのものを深める大きなきっかけともなり（……）批評の問題が思想の変革の意識としてとらえられるようになったことはなによりも大きな成果であった」（同号 三四ページ）と評価している。

本書の目的は、映画鑑賞運動の理論化において木崎が果たした独創に光をあてることにある。

ここで一九五九年が映画観客運動にとってどういう年であったかについて簡単にふれておく。*3とはいっても、敗戦直後の映画観客の動きを正確にとらえることは難しい。

たとえばGHQ（連合国軍総司令部）民間情報局の指示といわれる労働組合映画協議会（労映）の動きがあった。また個々の映画館（座館）が観客を組織する動きもあった。こうしたいわば「上からの」組織化とは別に、職場、地域、大学でさまざまなグループが「サークル」あるいは「リーグ」の名で活動していた。

労映の活動は一九四七年二月の二・一ゼネスト中止以後変化していき、東京では一九四〇年代の終わりごろに消滅したとみられる。そうしたなかで、映画サークル運動は日本共産党の指導の下に東宝争議*4を支援する運動として始まった。一九四八年一月、東京映画サークル協議会（第一次）が結成され、翌四九年の夏、全国に映画サークルを組織するためオルグを派遣する。山之内もその一人であった。こうして近畿、東海などで映画サークル協議会が組織され、同年十月、全国映画サークル協議会

映画サークル運動に意識的な観客を組織する契機をつくった東宝争議。占領軍の戦車が弾圧に出ている。

全大阪映画サークル協議会・全神戸映画サークル協議会合同機関誌『映画サークル』（1959年５月）掲載の「観客大衆のエネルギー 特集ルポ 映画サークル運動の10年を支えるもの」より

（全国映サ）が発足した。

神戸でもたくさんの映画サークルが活動していたが、統一組織はその年には結成に至らず、翌五〇年の八月に全神戸映画サークル協議会（以下、神戸映サ）結成総会が開かれている。その経緯は拙稿「神戸映画サークル協議会の五十年」（神戸新聞総合出版センター『神戸とシネマの一世紀』所収）で書いたとおりである。

この最初の映画サークル運動は、朝鮮戦争の勃発とレッド・パージによって混乱に陥り自然消滅するが、独立プロ作品が制作されていくとそれを支援する運動として息を吹き返し、東京では一九五二年二月に再建大会が開かれる。再建後の東京映画サークル協議会（第二次。以下、東京映サ）の活動の中心は独立プロ作品への観客動員であった。しかし、独立プロ一辺倒路線はやがて会員の批判を浴びるようになる。こうした観客意識の変化のなかから一九五四年一月、東京映画愛好会連合（略称「東京映愛連」）に発展していく懇談会がもたれるようになる。

一九五四年八月に入場税が国税へ移管されるに際して、東京映サは以前全国映サに加盟していた各地の映画サークルと連絡をとり、連携して陳情を行い、全国一律の割引条件を獲得する。そのことが、その後の映画サークル運動の高揚を可能にした。全国的なつながりは、映画観客団体全国会議となり、翌五五年九月、京都市左京区で第一回全国会議が開かれた。この会議には四十四団体、百三十余名が参加している。

一九五五年十二月、東京映サは解散し、東京の観客組織は東京映愛連に一本化された。神戸においても同年の十月、五年ぶりに第二回総会が開かれている。

独立プロ一辺倒を自己批判した映画サークル運動は、「見たい映画を安く」という新たなスローガンを掲げ、提携する映画館との特別割引を最大の利点に会員を大幅に増やしていく。そうした折、瓜生忠夫が『学習の友』（一九五六年十月号）に「ウドの大木たるなかれ」という映画サークル運動に対する批判論文を発表する。映画サークルの活動家のなかに自分たちの活動のあり方について深く考えようとする機運が高まり、翌五七年十二月、『映画と観客』[*5]という同人誌を創刊し、活発な議論を展開していく。

敗戦から約十年がたち、戦前の生産水準を回復した日本の資本主義はアメリカの対日政策の転換による後押しによって戦後の混乱を克服しはじめる。

同時に、公職追放を解除され政界、経済界に復帰した戦前の指導者たちは、アメリカの庇護のもとに占領終結後の国内政治体制の確立に取り組みはじめる。それは共産党が大衆に影響力を広げることを防止し、大衆を保守政治体制に思想的社会的に包摂することであった。一九五〇年代の後半はその移行期であった。

一九五七年九月二日に施行された「環境衛生関係営業の適正化に関する法律」もその一環である。この法律によって営業主は業種ごとに組織されることになり、同年十月二十一日、東京都興行環境衛生同業組合（東京都興行組合）が発足した。東京都興行組合は十二月十九日、東京映愛連会員証での入場料割引停止を一方的に通告した。その後、全国の興行組合が各地の映画サークルに割引停止を通告していった。それは映画興行主側の経済要求に応えつつ、共産党の影響下にある映画サークルを壊滅させる政治的狙い

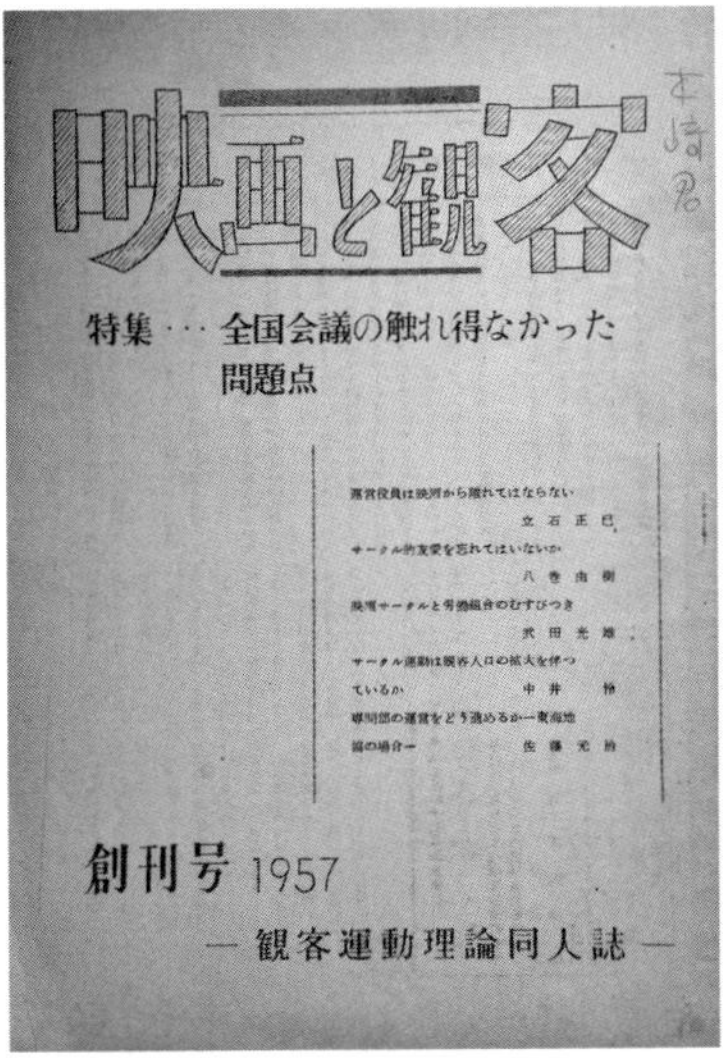

『映画と観客』創刊号（1957年12月）

をもっていた。

この「割引停止」は全国の映画サークルの会員数の激減を招いた。一九五八年十一月、名古屋市で開かれた第四回映画観客団体全国会議はこうした情勢のなかで開かれたが、解決のための有効策を打ち出すまでには至らなかった。そして次回の中心テーマに「映画サークルの性格規定」を設定したのである。

これが「木崎理論」誕生までの経緯である。


後年木崎は、「大衆社会論その他の論理をあいまいに応用した未熟なものであった*6」と書いているが、映画サークル運動の公式方針（主流理論）とならなかったのは、理論以前の問題であって「未熟さ」とは関係がない。肝心なことは、山之内らに思想的衝撃を与えたという事実である。当時の木崎は自らの理論に確信をもち、局面ごとに活路を求めて試行錯誤を繰り返している。私は本書で、「木崎理論」の生きた姿をできるかぎり正確に、すなわち、矛盾に満ちた動的なかたちで明らかにするつもりである。

いうまでもないが、映画サークル運動一般というものはない。あるのは各地の具体的な活動である。その実態は私の知見の及ぶところではない。したがって本書が対象とするのは、神戸の映画サークル運動である。しかも、これはあくまで木崎の目から見た映画サークル運動である。それが客観的な実態とどれほどのずれがあるのかについて必要に応じ私見を挿むが、それとても絶対ではない。結論からいうと、当時木崎が突破しようとしていた壁は現在も私の前に在る。木崎にどのように見えていたか、という方法は、現在の私もそれを俯瞰することができないという弱点からやむを得ずとる方法でもある。しかし、あえて俯瞰しないことによって、見えていないものが、あたかも見えているかのごとくに扱う弊害を避けることができるだろう。

山之内が連載を終えた一九六三年ごろ、映画サークル運動は衰退していく。その原因を山之内は「一つの政党の政治活動として出発した」(『記録映画』一九六三年七月号 二八ページ)ことに求めている。そして木崎についても「大衆追随の思想においこまれようとしている」(同)と断定している。「大衆追随の思想」というのは、当時の共産党主流に対する揶揄《やゆ》を含んだレッテルである。本書の副次的目的は、木崎をこのレッテルから解き放つことである。

第一章

挑戦

一九五八年〜一九六二年

1 出発点

神戸映サの文書記録に木崎の名前が登場するのは一九五七年三月に発行された『れふれくたあ』[*1]第六号（全神戸映画サークル協議会映画研究部発行）である。このなかに「部員紹介」というコーナーがあり、部員二十名のなかの一人として「木崎正司」[*2]（木崎の本名）の名前が見える。まだ一部員に過ぎない。

部員の中にはその後、木崎に大きな影響を与えることになる村上二郎、米長壽、有井基、足立一朗[*3]の名前がある。

『れふれくたあ』第６号（1957年３月）

木崎は兵庫県立神戸高校時代（一九四九年四月〜五二年三月）に熱心に映画を観るようになったが、といってそれは、さまざまなことに夢中になる青年期の特徴であって、後年映画鑑賞運動の活動家となるような兆しはどこにもない。このころの木崎の関心はどちらかというと文学、絵画にあった。とりわけ絵画は、県展に入選するなど人並み以上の素質をもっていた。しかし、木崎はその才能を伸ばすことはなかった。その理由について、生前木崎は郁子夫人に対し、「両親が進学に理解を示さなかった」と語っている。

木崎は一九三二（昭和七）年三月二十五日、神戸市湊西区（現、兵庫区）荒田町で生まれた。父善太郎は大工であった。有名な俳優の家を建てたこともあったらしいが、映画館のデコレーションのようなものも請け負っていたらしい。幼いころ、『西住戦車長傳』[*4]が上映された新開地の映画館の入り口に父の作った戦車の模型が飾られていた光景をはっきりと記憶していて、「誇らしく感じた」と語っている。父は、木崎が八歳のとき、妻の政子と満州へ渡った。残された木崎は、祖母りのと暮らし、一九四五年三月十七日の空襲で家が全焼したあとは、祖母と二人で、愛媛県出海村（現、大洲市）にある母の実家に疎開している。[*5] そして一九四六年三月、その地の高等小学校を卒業した。卒業後は大阪府吹田市の叔父の家に預けられた。父母は一九四七年十二月末に引き揚げてきて、神戸市灘区高羽楠丘（現、楠丘町）に居を構えた。翌年三月十五日、木崎は七年ぶりに父母と一緒の生活に戻った。

多感な少年期に父母と離れて育ったことが、木崎の心に微妙な影を落とし、最期まで癒えることはなかった。

父が木崎の大学進学に反対したのは、職人の彼にしてみれば当然の考えであろう。また敗戦後の生活困窮がその主因であったのかも知れない。が、理由はともあれ、結果として木崎は画家への道を歩まなかった。

高校を卒業した木崎は謄写印刷技術の教習所（神戸職業補導所）に通い、日新堂という印刷所で非常勤職員として働きつつ、神戸市立外国語大学の夜間部に籍を置いた。しかし、もともと希望した大学でなかったこともあったからだろう。大学にはやがて行かなくなり、除籍になっている。

神戸映サを知るきっかけは、このとき就職した印刷所にあったと思われる。当時の日記によると、この印刷所の先輩である橋高次郎[*6]という人物が神戸映サの会員であり、彼を通じて神戸映サを知ったようだ。一九五六年初めごろから神戸映サの「シナリオ研究会」に参加するようになっている。同年一月二十七日付の日記には「神大生の良き友を得た」とある。おそらくそれが米長壽[*7]との最初の出会いであろう。
だがそれは会員になったということに過ぎない。当時の木崎は、舞台演出や詩作などさまざまなことに手をつけ、自分が心底打ち込めるものを求めてもがいていた。そんな木崎が神戸映サの活動にのめり込んでいくのは、一に村上二郎との出会いがあったからである。

村上二郎（本名 和夫）は一九二七（昭和二）年二月二日、神戸市林田区（現、長田区）駒ヶ林町で網元の息子として生まれた。神戸商業大学（神戸大学の前身）を卒業後、兵庫県庁に就職した。神戸映サ発足とほぼ同時期に会員となり、一九五二年には委員長に選ばれている。木崎が加わったころには神戸映サの専従事務局長であったが、県庁を退職した時期や理由は分からない。[*8] 村上は一九九六年五月三十一日に亡くなった。残念ながら私は生前にお目にかかったことはない。私がインタビューしたすべての人が村上のことを、前に出るタイプではなく、こまやかな精神の持ち主で、人の話をよくきき誰からも信頼されていたと語っている。
その村上が一九五六年秋から五九年春の二年半、神戸映サの事務局長の地位にあったという「偶然」なくして、映画鑑賞運動の活動家としての木崎の誕生はなかった。その「偶然」は、一九五〇年代半ばという日本政治における稀有な磁場の産物であろう。[*9]
当時、神戸大学の学生だった米長は、一九五五年秋に神戸市生田区（現、中央区）海岸通二丁目の神戸映サの事務所を訪れ、その場にいた村上に誘われ、入会した。有井の入会は翌年の春ころと思われる。ふたりの参加を得て、足立を中心に映画研究部の活動が再開されたのであろう。とはいっても、このころ米長は村上と話すだけで、有井や足立のことは直接は知らなかった。

2 大抜擢

木崎は論争好きであった。その性格が何に由来するのか分からないが、日記によると高校のころから誰彼なしに論争を挑み、相手を煙に巻いている。

一九五七年八月一八日、『れふれくたあ』第六号に掲載された足立らの意見に対して自説をガリ版刷りにして発表している。[*10] このころから、木崎は神戸映サの事務所に頻繁に出入りするようになった。村上の人柄に惹かれたのである。そして、なにより原稿を書いたり議論したりするのは木崎が大好きなことであった。

その木崎の文章「映画の観方について」は同年十月一日付『レフレクター』第七号に掲載された。この文章が木崎敬一郎のデビューである。

「映画の観方について」は、足立や米長の言説に疑問を投げかけ、そうした既成観念を疑ってかからなければならないというもので、木崎自身の批評基準が打ち出されたものではない。この時点で木崎の批評理論はまだ生まれていない。注目するのは木崎が自説の補強のために鶴見俊輔の「一つの日本

『レフレクター』第7号（1957年11月）

映画論――『振袖狂女』について[*11]」を引用していることである。

『レフレクター』第七号はガリ版刷り、B5判、五八ページで、ロベール・ブレッソンの『抵抗』（一九五六年）を特集し、有井と西尾晟[*12]が長文の映画評を書いているほか、米長が「映画の音[*13]」を発表している。荒川純（足立の筆名）は木崎の批判の論点を丁寧に整理し、さらなる誌上討論を呼びかけている。

表紙は三色刷りの凝ったもので、レタリングや挿画などすべて木崎がしている。木崎はこうした作業に夢中になる性格であった。

木崎の参加は米長や有井の距離を一気に縮めた。このとき神戸映サに初めて批評集団が誕生したといえる。

村上との議論のなかで、木崎は機関紙『神戸映画の友』の内容を批判し、もっと充実したものにしなければならない、と語った。そんな木崎に村上が、「きみ、機関紙部長にならんか？」と誘った。

神戸映サの機関紙は一九五七年の十月一日号（通巻六四号）から『神戸映画旬報』と改題し、B5

判、活版印刷、一二～一六ページ建となる。木崎は早くもその巻頭言を書いている。

かくして一九五七年の秋、木崎は神戸映サの活動家となった。

今回この本を書くにあたって木崎の全生涯を調べたが、一九五八年から六二年、二十六歳から三十歳の五年間の重要性をあらためて実感した。

その一年目、一九五八年の元日、木崎は日記に「人生の天王山に立っている」と記した。

一月一九日

花隈の旅館へ泊りこみという二日がかりの豪華な常任幹事会をつうじていえることは、いわゆる映画サークルの指導理論の欠如しているということである。てんで理論的活動家のいない状況のなかでこそ、経験期間三カ月という私をして、一六、〇〇〇名を擁する協議会の中心にスポットするような驚くべき現象を生むのである。

（……）

会議で機関紙について（……）「編集委員会は大衆参加の機関でなく、意識的な小数《ママ》尖鋭の専門機関でなければいけない。そういう高度な水準があってこそ、真に大衆のものであり、大衆を反映できる内容をもちうる」と発言したところ、可決され、その責任者に指名されてしまった。
（……）
既存編集委員会の解散、新編集委員の選考をつうじて新しい構想を活発に実践していく課程《ママ》で、この新参者への風当りも強くなることだろうが、我が道を往かねばならぬ。

木崎の登場を足立は「秀才コースを飛躍的に出世する」と評した。戸惑いは木崎の側にもあった。アバンギャルドを自称し、共産党流のヒューマニズムを片っ端から切り捨てていた異端児が運営の中心に引き出されたのだ。正直びっくりしただろう。木崎がこの大役を引き受けたのは、自らに対する自信（自惚れ）であろう。が、それをやり遂げたのは、村上の信頼を裏切るまいという思いと、ここで頑張らなければ自分はだめになるという切迫した思いがあったからに違いない。

木崎は突如として訪れた人生の転機にあたって、全力を投入し、村上を含む役員が予想もしていなかった画期的な仕事をなし遂げた。この時期に木崎が構想した映画鑑賞運動の理論（木崎理論）は、神戸映サの運動理論として受け継がれ、一九七〇年代に全国の映画サークルの運動理論となり、現在に至っている。

では、五年間の木崎の思想的格闘をたどっていこう。

3 機関紙上での実験

木崎が入会した時、神戸映サは急速に会員数を伸ばしつつあった。一九五五年十月の第二回総会で独立プロ一辺倒路線を自己批判したのち、翌年十月の第三回定期総会で「良い映画を安く」の方針を決め、「良い映画を見つめる目を養う運動を展開していこう」と、映画館で上映される映画のなかから作品を「選び、見て、語る」活動（例会）を始めようとしていた。[*14]

村上は新しく加わった木崎に、この構想を推し進めるための非凡な才能を感じたのだと思う。

一九五八年一月十八日、十九日、花隈扇港荘で開かれた常任幹事会で機関紙担当の代表常任委員に指名された木崎は、これまでの機関紙『神戸映画の友』を「毒にも薬にもならない中庸の意見が支配的」と批判し、「多少品行を乱してもよいから機関紙に強力な自己主張をもりこもう、そして会員のまどろみと斗《ママ》おうという編集態度を決定」し、編集にあたっていく。その編集は独特な作品評価の提示によって、会員の既成観念を揺さぶり、映画の観方を変えていくというところに主眼が置かれた。[*15]

機関紙責任者として初めて編集した『神戸映画旬報』二月一日付号外において、第一回例会作品『怒りの孤島』（久松静児）の評価をめぐって論争をしかけている。

この号外に掲載された「第一回例会をもつにあたって」という文章は、「良い映画をみる運動―これは映画サークルの大切な仕事にもかかわらず、いままで、それほどの成果もなく、力も注がれてお

『神戸映画旬報』1958年２月１日号外

りませんでした。（……）私たちは、このたびそういう反省のもとに良い映画をみる運動を全映サ協をあげてとりくむことになりました」と例会活動を始める意図を明らかにしている。『怒りの孤島』は二月五日から聚楽館（新開地）と国際松竹（三宮）で公開され、会員は入場料一般一六〇円のところ七〇円で鑑賞している。

　この例会作品について、木崎は「公式批評ではダメ　二つの感想を読んで」という見出しのもとに、常連執筆者である荒川純とみちる（嶋田勝次[16]の筆名）の評価をバッサリと切る匿名の対談を掲載した。これは木崎が村上との議論を匿名で書いたものである。[17]

　当然この記事は物議をかもし、次号では両氏の反論と他の会員の意見が掲載され、紙上討論が組まれている。木崎の狙いはそこにあった。

　例会作品は『怒りの孤島』のあと、三月例会『広場の天使』（ラディスラオ・バホダ）、四月例会『夜の鼓』（今井正）、五月例会『青空よいつまでも』（川頭義郎）、六月例会『巨人と玩具』（増村保造）と続く。今では忘れられている作品も選ばれているが、毎月選定していくのは大変だったと思う。例会作品を鑑賞した会員数も機関紙上に報告されている。二月は初めての例会ということで二九九九名が鑑賞しているが、三月は七三三名しか鑑賞していない。四月は二三二一名と再び二千名台である。作品の力も作用したのだろうが、毎月毎月会員に呼びかけるのは難しい。会員の数パーセントが鑑賞し、その二〜三パーセントが感想文を寄せるという組織の状況が見て取れる。

五月二十五日、神戸新聞会館で開かれた第五回定期総会には一七五名の代議員が参加した。この総会で木崎は正式に機関誌部長に選ばれた。

木崎は、機関誌のイメージを一新するため名前を公募する。そして一人の女性会員が提案した『泉』を機関誌の名前に決定した。

今考えても斬新な名前である。『泉』第一号（一九五八年七月号、通巻七五号）の表紙は女優ジャクリーヌ・ササールのスレンダーな肢体が背景を切り取ってレイアウトされ、視覚的にも新時代の開幕を告げている。木崎の躍動感が感じられるようだ。これによって会員により親しまれるものにしようとしたのだろう。B5判、活版印刷、二〇ページ建。発行部数二万部。当時、機関誌は神戸新聞社で*18印刷されていた。神戸新聞社には神戸映サ最大の職場サークルがあり、四百数十名の会員がいた。

木崎を中心とする『泉』編集部[19]は、会員の生の声をとりあげる「感想のひろば」を重視し、会員からの投稿や職場サークルが発行している機関紙[20]に載せられた感想を選択し編集することによって、個々の映画に対する大衆的反応を浮かび上がらせ、またその感想に潜んでいる盲点を指摘し、古い意識を炙《あぶ》り出していった。そうした外科手術にも似た問題提起に対して、会員からは当然反論が続出した。その反応こそが木崎らが望んだことであった。

このコーナーは有井基[21]が担当した。有井は木崎と同い年で、このとき神戸新聞労働組合の専従書記であった。

4 熊谷光之氏、来神

木崎が神戸映サの運動にかかわりはじめたまさにそのとき、もうひとつの「偶然」が重なった。一九五七年の十一月、「映画と批評の会」の熊谷光之（粕三平）が神戸にオルグにやってきたのである。[22]応対した村上は、「映画研究会に集まっていた人たちの中で今までの様な温微な雰囲気ではいけない（……）もっと妥協のない討論をしなければ新しい批評も生まれないし、各個人の前進もない」（『Ｋｏｂｅ映画批評』八ページ）という意見があがりはじめていたこともあって、さっそく木崎らに声をかけた。こうして十二月六日、熊谷を交えて議論し、その席で神戸支部を結成した。会員は村上二郎、有井基、米長壽、足立二朗、西尾晟、木崎で、責任者には米長が選ばれた（ただし米長は翌五八年

泉

IZUMI

全神戸映画サークル協議会機関誌

神戸市生田区海岸通2－11　TEL③4918　発行 木崎敬一郎
1958年7月1日発行　№75　編集 平尾岩松

訴え

あなたに読まれることを機関誌は望んでいます。いうまでもなく，映画サークルの会員としてのあなたによって，映画を見るまえまたは映画を見たあとに読まれ活用されることが，機関誌のなによりも大きな使命であり，あなたに読まれないかぎり，機関誌は機関誌としてなりたたないからです。そのためには「会員の映画に関する一切の要求」に応えることが，映サ協のもっとも大きな任務であるように機関誌もまたあなたの一切の要求に応えなければなりません。

私たちは，機関誌が真に会員のものとなり，会員のなかで威力を発揮できるためには，この新しい機関誌「泉」が，民主的な大衆（会員）誌スタイルを創造確立し，ただに単に紋切り口調で協議会の主体的意思をあなたに伝えるのでなく，むしろ，あなたのなかにあるさまざまな要求に応え，その要求のなかから協議会の主体性をも発見し，築いていけるものにならなければならないと考えています。さいわい，単位サークルや各種グループの活動は活発化の方向にむかっておりそれらの活動に支えられて会員と機関誌の結びつきは以前より強くなりつつあります。

しかし，機関誌が本当に良くなるためにはあなた自身の積極的な協力が必要です。機関誌は，その属する機関（組織）の現実を正直に反映するもので，あなたの協力の如何によって今後の「泉」の内容は決定されます。その意味で「泉」が新しい機関誌としてどれだけの分野を開拓できるかは，何度もくりかえしますが実にあなたの協力の度合によって決まります。ご協力下さい。

編集部

写真は「芽ばえ」のジャクリーヌ・ササール

1958
7月

あなたの意見を書こう　仲間の意見を読もう　そしてみんなで考えよう

『泉』第1号（1958年7月号、通巻75号）

三月に大学を卒業し、神戸を離れたため、木崎がその後任となる）。

十二月六日の第一回研究会では、各自が映画批評についての考え方を出し合い議論したようだ。このとき木崎は、「私はもともと映画批評なんてものを、ぎょうぎょうしく取扱う人間を軽蔑していた」[*23]と述べているが、こういう物の言いように、当時の木崎の複雑な内面が感じられる。

第二回研究会は十二月二十一日午後六時から神戸新聞会館で開かれ、有井が「映画批評と伝統の問題」というテーマで報告している。[*24]

このとき有井は「アバンギャルドの精神は、国際性と民族性の結合の法則および伝統を意識化してとらえることにある」という安部公房の言葉を導きとして、批評を伝統の視点から解明した。木崎は日記に、有井の報告が「私のアバンギャルド傾倒の盲点をついているように感じた」、「『モダニズム』との対決、これこそはアバンギャルドとしての私が試さねばならぬ第一の課題」と書いている。木崎は自分のそれまでの生き方が「幻想のアバンギャルドではなかったか」とその衝撃の大きさを吐露している。このときから木崎は、映画批評について生き方とかかわるかたちで真剣に考えはじめたと思う。

映画と批評の会神戸支部は、翌五八年一月二十八日付で『Ｋｏｂｅ映画批評』という小冊子（Ｂ６判　ガリ版二色刷り　八ページ）を発行し、神戸支部の発足を伝えている。

この冊子に「『映画と批評の会』の在り方についての私的見解」と題して有井と木崎が私論を発表している。

木崎は、「〈平和を守りわれわれの理想をたかめる〉ための映画批評が〈映画理論〉となんらかかわりのないところで行われている一般の傾向を見極め、意識的にそれを克服していくところから、自らの資格を争っていきたい。それがまた、会の方針がいうところの、批評の機能を〈われわれが遂に画期的な映画理論を生みだしていく〉ものとしてとらえることになると考える」と書いている。

有井は、「ぼくは、いままでもそうであったように、これからも〝思想との対決〟という形で映画を見て行く。だがこれまでは、現象を通した現実認識論にすぎなかった。(……)それが熊谷氏の求める『現実認識論より表現論を』という声となり、表現との結びつきで批評活動がすすめられぬ限り発展の理論は生れないことを、お互いに認めざるを得なくする。(……)だが、僕は、あまりにも映画理論についての知識にとぼしい。(……)継承されるべき何物も持たずして、

Kobe
映画批評
映画と批評の会神戸支部編集・発行

『映画と批評の会』の在り方についての
私的見解

『映画批評』十一月号の編集後記を見てみよう。「戦後になって始めて映画を勉強しはじめたわれわれにとって、最も緊急な課題は、なんといっても綜合的な新しい映画理論の確立である。ところが形象論はいうまでもなく、戦後における想像力の問題は、映画についての現象的なおしゃべりのなかに埋没してこれまで何一つ解明されていない」——そして、その一つの手がかりとしてシネマツルギーの特集を行っている。ぼくが敢えて編集後記からとり上げたのは、この会の目的が、具体的にどのような形ですすめられているか。そこから問題をとり出したいからだ。この会の綱領に掲げられた目的は、いうまでもなく「われわれの生活と理想をたかめる実作および映画理論を創造普及する」ことにはじまり、「映画にたずさわるすべての人の思想的芸術的水準をたかめ、日本映画発展のために活動する」ことにおわっている。およそ映画を通して自らの領域を拡げようとする者にとっては、自明の理であるはずだが、今一度、確かめておきたい。「われわれは何故映画を学ぶか」。ぼくが「映画批評」の創刊号を手にして、とびついたのは、その解答を具体化したものが、そのなかにあったからだ。芸術のための芸術でしかなかったこれまでの商品雑誌にあきたらなかった僕は、生きることの根源と結びついた作品の創造理

1
1958

『Kobe映画批評』1958年1月

どこに新しい理論の発展があり得ようか。そこにぼくは、この会の大きな意味を見る」と書き、「これからの研究目標が〝新しい人間像〟の探求、創造」となるだろうとの展望を語っている。

自分たちには映画理論が欠如している。木崎らはこの自覚をもって積極的に研究会を行っていった。第三回研究会は、会場を元町通一丁目の喫茶「京屋」[*25]に移し、一月三十日の午後六時から開かれた。報告予定者の西尾が「ドラマ」の概念規定で悩み、報告することができず、討議が分散したらしい。意気込みはすごいが実力が伴ってないということだろう。当然だ。みんな若いのだ。木崎らは、担当者は責任をもって報告を準備することを再確認し、今後の研究会は具体的な作品分析と理論学習、『映画批評』誌の合評を月二回のペースで交互に行うことを決めている。[*26]

理論学習のテキストには、まず今村太平の『映画理論入門』（社会思想社刊）を選んだようだ。木崎はアンドレ・カイヤットの『眼には眼を』や、ジョルジュ・クルーゾの『スパイ』の作品分析を担当している。残っている『眼には眼を』の作品分析ノートは約八千字に及ぶ力作で、ショットを克明に記録している。おそらく映画館で何回も観てノートを取ったのだろうと思う。[*27]

木崎は「映画と批評の会」に映画芸術運動の未来を感じ、神戸映サの活動スタイルを根本から変えようと考えた。

現在みられるような映画人とのファン交流の如きものを願ったのではない。「映画と批評の会」が目的に掲げる「映画のリアリズムを変革・深化させ」るのは観客組織内部の自覚的部分ぬきにはあり得ないという自負を持って、実作者と観客の対等な結集を呼びかけたこの会に自らが探し求めてきたものを見出したのである。

5 「集団批評」という実験

映画と批評の会神戸支部は研究会での集団批評の成果を機関誌に発表していく。

まず『神戸映画旬報』一九五八年三月下旬号に、村上、有井、木崎による鼎談「内部世界の表現―『壁』について合評する」を発表した。次いで『泉』一九五八年十一月号に、荒川、有井、木崎による「作品研究『死刑台のエレベーター』」を発表した。ここで初めて集団批評の結果をひとりが代表して文章にまとめるスタイルがとられた。

この作品研究は『映画批評』一九五八年十二月号に転載された。同号には東京映愛連の幹部活動家吉村道与、同増田光夫と高倉光夫の座談会[*28]も掲載されているが、そのなかでも俎上に載せられ、共同研究という試みに対する賞賛とともに、評価に対しては異論が述べられている。そこに『泉』編集部の「突出ぶり」に対する微妙な反感が見て取れて面白い。

実はこの『死刑台のエレベーター』の分析は、今読んでも非常にユニークなものである。主題は何か。主題を裏打ちする客観状況はどのようにとらえられているか。客観状況をとらえた映像の意味という三段階の分析角度を設定し、それぞれについて仮説を導き出し、最後にそれらを総合して作品の評価を下すという手続きがとられている。

その結果、「スリラー映画の形式をかりているこの映画の底には、現代の不信から人間を復権していくきびしい闘いと、その彼方の新しい明日を示唆する大切な問題を訴えかけようとするもの」という評価を下しているのであるが、フロランスとジュリアンの恋と夫カララ殺しを「人間を失わせようとしている加害者を倒すことを突破口として非人間的状況から人間をとりもどし、熱烈な愛によって人間の証しと、本質的な連帯感を探し求めるぎりぎりの行為であった」とする評価には、神戸の一会員からさっそく「普通の常識では考えられない」という反論が寄せられた。

この反論に対し、三人を代表して有井が再反論している。有井は「社長殺しの動機を金と色という見方はきわめて皮相な見方である」「エレベーターに封じ込められた一部分だけをとりだせば客観状況のなかで主観的にもがくという常識的な人間の様態に帰する」が「全体からの把握を望みたい」と自分たちの評価への自信を語っている。

確かに、この評価は不倫や殺人に対する一般的な社会通念と異なっている。

こうした評価にも社会のモラルに含まれる古い意識を暴き出し意識変革を迫るという態度がはっき

り表れている。「アバンギャルド」たらんとする木崎らの「気負い」が伝わってくるようだ。

この「集団批評」は、のちに木崎が提唱する「大衆批評」につながる実験の出発点である。その第一の特徴は、個人の名前で発表する評論のあり方に対する異議申立てである。このいわば原理主義的ともいえる集団主義は他に例を見ない。木崎にそれを意識させたものは何であったのか。

先に少しふれたが、木崎は神戸映サに加わる前、演劇にかかわっていた。一九五五年十月末に行われた神戸女子短期大学の文化祭で演劇部の公演を演出した木崎は、次回公演のための戯曲「歌声よ高く」を書いていて、その台本のエピグラフに鶴見和子の「中国文学について」[*29]の一節を引用している。そこに記されている集団創作の方法論は「映画と批評の会」の運動理念と同じ地平にある。鶴見和子が用いた「集団創作」という思想概念に注目していた木崎が、映画批評に応用したのではないかというのが私の推論である。

6 運動方針の起草

一九五八年十一月三十日に開かれた常任幹事会で、木崎は「新しい文化創造のための勢力中核になろう——一九五九年の運動方向について」[*30]と題する提案をした。木崎は入会してようやく一年であるが、早くも基本方針の素案を提案している。この構想はこの年のはじめから続けられた理論的探究の到達点である。

ここで当時の神戸映サの組織について簡単に説明しておく。

一般に「サークル」という言葉から受けるイメージは、「主義や趣味によって結びついた、数名多くて数十名の集まり」というものであろう。あるいは、「構成員数万人」と豪語していても実態はそうでなかったりする。しかし、神戸映サはそのいずれにもあてはまらない。

当時の神戸映サの会員数は九〇三サークル、一万九二〇四名。[*31] 一桁まで正確に把握されている。入会希望者は五人以上で「サークル」を作り、一人の代表者を決めて、入会することになっていた。実際は職場や地域にすでにサークルがあり、多くは同じ職場の会員に誘われて入会した。会員はサークル代表者に会費を納め、機関誌『泉』を受けとった。会費は月二〇円であった。年一度の総会で幹事、常任幹事（互選）を選び、幹事が組織部、編集部、推薦委員会、渉外部を分担して神戸映サ全体の運営にあたった。事務局には村上二郎事務局長と船曳良一事務局次長のほか二人の女性事務員がいた。定期的に会議が開かれ、議事録も作成されている。しかし、神戸映サはいわば二階建て組織の二階部分であり、個々の会員にとっては直接関係がなかった。入会の動機は「映画を安く見たい」という要求であり、神戸映サの運営に積極的にかかわろうとする会員は少なかった。幹事は職場サークルの中心的活動家であり、自らが所属するサークルの立場から映サ活動を見ており、多くの会員を有するサークルの幹事の発言力は強く、神戸映サの決定に対しても独立性をもっていた。当然、運営方針についてもさまざまな意見があった。

このころの木崎の問題意識は機関紙上に残されている。

『神戸映画旬報』一九五八年三月下旬号に発表した「サークルに新しい力を」という文章には、

「映画サークルはプレイガイドではないのだ」としきりに説かれていますが、そんなことをいくら説いてみても、それにともなう方法論をもっていなければ、実際にプレイガイド化している現状を克服していくことはできません。

(……)

映画の好きな人であれば、だれでも入会できるという映画サークルにあっては、会員が増えれば増えるほど、会員層は一般映画観客層に接近していくのは、当然のことで、(……)会員の多くは、(……)映画が安く見られるという魅力にひかれて現在結集されていますが(……)そういう経済的な要求をもって映画サークルに参加したからといって文句をいうとすれば、いう方があきらかにまちがっています。(……)そこにはまず「映画を見たい」という文化要求が前提にあったからこそ「安く見たい」という要求が起ってくるという関係を確かなところでとらえる必要があります。

（……）

そこで私が考えるのは、（……）機関紙を民主的マス・メディアとして洗練し、強力な意思伝達と交流の機関として育てていくという方向です。

とある。

また、『映画批評』一九五八年八月号に掲載された「運動方針の問題」と題する文章では、いままでの運動スタイルは個人対個人の「素朴な人間主義」によってきたと指摘し、一万数千人という会員を組織するためにはもっと組織的な運営が必要であると説き、運動スタイルの革新を呼びかけている。

十一月三十日の提案は、会員組織化の方法論を、会員の意識をいかにしてつかむか、リーダーはどうあるべきか、の二面から理論化しようと試みたものである。

木崎は鶴見俊輔、南博、福田定良などの多くの文献を引用して自説を展開しているが[*32]、なかでも花田清輝が「マス・コミの問題点」（『映画的思考』未來社 一九五八年五月二十日第二刷発行 二〇六〜二一八ページ）で展開した「漏斗的なコミュニケイション」と「サイフォン的なコミュニケイション」の喩《たと》えに強いインスピレーションを受けたことがうかがわれる。機関誌での「感想のひろば」の実験を通して得た確信をもとに、会員の「生の感想」を引き出し、「集団批評」活動によって会員の心理を組織していく方法を提起している。

木崎は、花田の「受け手の立場から送り手の立場へ移ることだけを抵抗だと心得ているひともあるようだが、なにより大切なのは受け手の組織であって、そのばあい、受け手の組織と送り手の組織が混同されてはならない」(同 二一八ページ)という指摘に共鳴し、「運動の転換期の上にたって、『(……)創造への参加』(中井怜)がしきりに点検されているが、(……)観客運動の創造参加ということは、基本的には観賞《ママ》方法の創造化という以外にない」と結論づけている。「木崎理論」の核心がすでにここにある。

かくして一九五九年の年頭にあたって常任幹事会は「映画の受け手として　新しい文化を支える勢力の中核になろう」という新年論調を発表した(『泉』同年一月号)。それは映像メディアがもたらす新しい文化状況のなかでそのすぐれた受け手となるために映像の意味を読む訓練を呼びかけ、そのために一切の先入観をぬきにして自分の感想を仲間と話し合い、文章にし発表することを呼びかけるものであった。

7 村上二郎氏の退会

一九五九年五月二十四日の第六回定期総会直後、木崎の後ろ盾であり、映画サークル改革推進の中心的存在であった村上が「一身上の都合」で事務局長を退き、退会した。

当時の機関誌や幹事会議事録にその理由はまったく記されていない。私は不思議に思い、その理由を知ろうと何人かにインタビューをした。そしてようやく事実を突き止めることができた。

二〇一六年十月二十五日の午後、私は神戸市灘区内の老人施設に神戸勤労者演劇鑑賞会（神戸労演、現「神戸演劇鑑賞会」）の初代委員長である細川俊三を訪ねた。一九二五（大正十四）年八月生まれで、九十一歳になられていたが、聡明で気力にあふれ、当時のことをはっきりと語った。細川は一九五四年七月の神戸労演創立メンバーであるが、当時神戸映サの会員として村上とともに活動していたと語り、神戸労演創立にかかわったのは村上の強い勧めがあったからだと言った。

細川は、私の「共産党の指令なんですか」という問いに、「それは絶対ない」と断ってから、「ある日突然村上がやってきて、労演に入れてくれと言う。実は今、映サはごたごたしていて、自分は身を引いたほうがいい思っていると言うから、どうしてまた労演なんやと聞いたら、（行くところが）労演しかないから、と言った」と証言した。

突然の辞任の背景にあったのは、神戸映サの活動家の内部に生じた激しい対立であった。木崎らのグループと古くからの幹部との間に立たされた村上は自らが退くことを選んだのだった。村上の心中を木崎は知らなかったと思う。おそらく村上は映サの誰にも打ち明けなかったのではないか。数年後、村上は神戸労演の事務局長に就任し、いらいその中心的活動家として生涯を終えている。

村上が退会した後、神戸映サの事務局長には船曳良一が就任した。船曳は村上とともに五〇年代前半の神戸映サを支えてきた専従活動家である。事務局には、新たに増本烈*33と木崎が加わった。この総会で木崎はすべての役職を外れ、単なる「専従事務局員」となった。

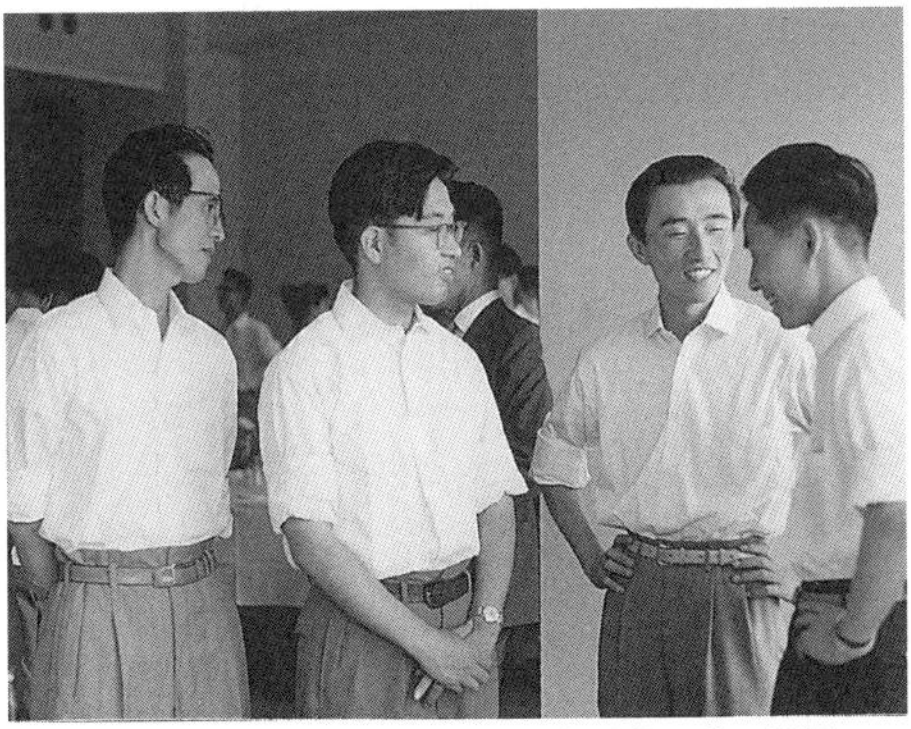
左から一人おいて村上二郎、米長壽、菱田好男（1959年8月。米長壽氏提供）

米長壽は一九五八年三月に神戸大学を卒業した後上京し、『映画批評』編集部で働いていた。しかし同誌は翌五九年一月号を出したあと途絶えた。そのころ村上から連絡があり、神戸で村上、有井、木崎の三人に会った。そこで、村上から神戸に戻ってくるよう説得された。

一九五九年五月、米長は神戸に戻った。

村上は自らが神戸映サから「身を引く」にあたり、木崎がもっとも信頼を寄せている米長に力になってほしいと願ったのだろう。米長は、「もし村上さんの説得がなければ神戸に戻ることはなかった」と語っている。

当時の木崎の日記は残っていず、このときの木崎の気持ちを知る手がかりはない。

しかし、木崎は精力的に活動し全国の会議にも出かけている。そうしてその年に予定されていた第五回映画観客団体全国会議の報告者として名乗りを上げていくのである。[*34]

8 第五回映画観客団体全国会議

一九五九年七月十一日、十二日に熱海の竜泉閣（非現業共済組合保養所）で開かれた準備のための会合に、神戸映サを代表して木崎が参加している。この会合で全国会議の開催時期を年末に延期することが確認された。「映画サークルの性格規定」についての報告を任された関西映画観客団体連絡会（関映連）は、十月四日に全尼崎労働者映画協議会（尼崎労映）内で研究会をもち、十日後の十四日に神戸で再度研究会をもって議論している。この議論のなかで木崎の考えが他を圧倒し、全国会議で報告することになったのであろう。

同年十一月二十二日、二十三日、兵庫県宝塚市の宝塚阪急旅行会館[*35]で開催された第五回全国会議には全国三十の映画観客団体から九十四名が参加した。神戸からは木崎のほか、平尾岩松会長、田中宏副会長、船曳事務局長などの幹部活動家十九名が参加した。ちなみに米長や有井は参加していない。

午前十時三十分、平尾会長のあいさつで始まった会議は、来賓あいさつなどののち、十一時、主要議

左から木崎敬一郎、平尾岩松、一人おいて船曳良一

題である「映画サークルの性格規定」についての討議に入っている。まず尼崎労映の北村英治が本報告作成までの経緯と前回までの全国会議の歴史をふりかえった。続いて木崎が第一議案「映画文化の変革を目指す運動集団—映画サークル協議会の性格について」を報告した（巻末の資料参照）。議長は東京中部映画友の会の玉林定治郎である。

木崎は議案書に寄せられた各地の意見を念頭に置きながら、自分たちの運動は映画文化を変革していく運動であり、その中心は批評活動であることを力説している。

　これは良い映画だ、見なさいという風に、価値観を大衆に確定的におしつけるのでなしに、予定的に意見を出し、それが大衆の中で検証され、そういうことを通じて、運動の主体が、大衆の価値観を発展的に吸収するという風に、批評が循環していく様なことを考える必要があります。この様に新しい映画文化を観賞者の地点で変革し創造してゆくという活動こそが、映画サークルの活動の一番中心になるべきものだと思います。だから現在、私達がやっている8ミリ映画の製作、自主上映活動（……）は私達の組織の本来の機能からすれば質のちがった活動であり、（……）運動の成果や発展の度合いを図るのに、組織人員とか、特定映画にどれだけ多数動員したかという様なことだけで評価するのでなく、既存の文化意識をどれだけ変革したか、新しい文化観をどれだけ創り出したか、という高さ、豊さ、広さという事を中心に評価すべきだと思います。

（『第五回映画観客団体全国会議々事録』一一～一三ページ）

議事録は、議論が噛み合わず深まっていかない様子を伝えている。討議は午後五時でいったん打ち切られた。しかし、夕食後の七時から九時に予定されていた交流会が終了後も十時間にわたって続き、この問題をめぐって激論が交わされたと翌日の討議の中でひとりの発言者が報告している。その中心に木崎がいたはずである。

序章に書いたとおり、木崎の提言は山之内重巳の心を捉えた。しかし、その直後に木崎が『泉』（一九五九年十二月号）に発表した文章では、「残念ながら論議はあまり発展しなかった」と書いている。

会議の主調はこの年初めの『戦艦ポチョムキン』（セルゲイ・エイゼンシュテイン 一九二五年）の自主公

開が圧倒的な成功を収めたことを受け、その興奮が活動家の心を捉えていたことで決していた。

そもそも公式議案として関映連を代表して行った提案が「木崎理論」という個人の名前を冠して呼ばれるようになったのは、「個人の特殊な考え方」と見なされたからである。「自主上映活動は本来の課題ではない」という木崎の主張は、自主上映に活路を求める多数派にとっては受け入れることのできない内容であった。

9 編集部批判と「宣言」

村上二郎が退いたあと、神戸映サ内でも『泉』の編集方針の見直しの議論が始められている。一九五九年九月二十一日に北野の六甲荘で開かれた常任幹事会では『泉』に対する批判が出され、木崎のあと編集責任者となった足立二朗が批判に応えている。その足立が十月末に結核のため入院し、代わって高橋正治が編集責任者となった。高橋は神戸にある大手造船会社の労働者である。労働組合の活動家でもあり、木崎の編集方針に対しても批判的見解をもっていた。

ここで断っておかなければならないが、ふつう、機関誌はその団体の執行部の意思に基づいて編集発行されているものである。このときの神戸映サにおいて、木崎の主張する編集方針に代わる方針をもつ幹部はいなかったが、『泉』の文章の「難しさ」に対して多数が批判的意見をもっており、木崎に批判が集中していた。はっきりいえば、常任幹事会と編集部は対立していた。

他方、木崎が目指す機関誌上での批評活動も低迷していた。

一九六〇年一月号の『泉』に載った二つの座談会はその様子を伝えている。一つは「個人のなか、職場のなかの断層を埋めよう　一九六〇年の運動目標」と題する座談会で、出席者は常任幹事と木崎である。この座談会は、年頭に掲げた運動方針（「映画の受け手として新しい文化を支える勢力の中核になろう」）がどのように実践されたかをめぐってなされたものであるが、『泉』の編集姿勢、とりわけ文章の「難解さ」への批判で埋まっている。

もう一つは「感想のひろばの一年」と題する座談会で、こちらの参加者は新たに編集責任者となった高橋以外は木崎の編集方針を実践してきた部員たちである。このなかで、一人の部員が一昨年は「感想のひろば」に活気があったが、昨年は下降カーブをたどる一方だった。それは「闘いの姿勢がなくなったということにつきるのではないか」と発言したのに対し、木崎は「労働強化によるエネルギーの消耗」などによって感想文が少なくなったことなどを指摘しつつ、「なんといっても、直接的な影響として、（……）有井基に代る優秀な人材」がいないことをあげている。機関誌刷新を牽引してきた有井は依然として主要執筆者の一人であったが、五九年の春に編集部から離れた。有井はその理由について、「（神戸新聞での）仕事が忙しくなったからだ」と語っていたが、村上の退会とも関係があったのかも知れない。*36

部員たちは次善の策として『泉』に掲載した感想文について話し合い、その模様を翌月号に載せることを決め、さっそく実行している。しかし、力のないものが束になっても結果は一緒である。要は一人ひとりがどれだけ力をつけるかにかかっている。

神戸に戻った米長も機関誌の編集に関与することはなかった。もともと米長は映画研究会所属で組織運営にかかわったことはない。編集部は村上、足立、有井を欠いて、木崎と新しい部員が担っていた。

一九六〇年二月六日に開かれた編集部会で、高橋はわかりやすい内容にすることを提案するが、木崎らは常任幹事会からつきつけられた「批判」に対し、編集部の「宣言」を機関誌上に発表し、会員に直接問うという対抗姿勢を確認している。

『泉』通巻100号記念号（1960年４月号）

そして『泉』通巻一〇〇号記念号[*37]（一九六〇年四月号）の巻頭に次の「宣言」が発表された。

ぬるま湯は、すべてのものを腐らし、よどんだ流れは汚物を沈殿さすばかりだ。あらゆる場合に、湯を沸騰さし、水を氷結させる厳しい温度だけが、ものの生命を新しく甦えらせ、激流だけが、河床を洗い清めることを、ぼくらはもっと信じよう。（……）いまこそ、ぼくらの一人ひとりは、みずからすすんで、もっともはげしい波らんと混乱のただなかに身を投げだし、オノレ自身の正体を確かめながら、見せかけの日常的な平和に、敢然とたたかいを挑もう。ぼくらは、今後も、（……）仲良しグループの存在価値を認めまい。錦の御旗のように担ぎだされる、主体のない、〝大衆の声〟を無視しよう。（……）エセ活動家の鼻っ柱に、反省の水をかけ、彼らがあぐらをかいている土台を徹底的に破壊しよう。ぼくらは、（……）以上の姿勢を堅持しながら、（……）たたかいを組織することを宣言する。　一九六〇・三・二五　編集部

この文章はいきさつを知っていないとまったく理解できない。いや、いきさつを知っていたとしても理解されたかどうか。

じっさい、この「宣言」に対しいくつかの意見が寄せられはしたが、木崎が期待したような意見の応酬は起きなかった。そして五月二十二日に開かれた第七回定期総会では、報告にたった田中宏副会長が、「たたかいの姿勢からささやきかける姿勢へ編集方針を転換」すると説明している。それほど『泉』は、会員から「難しい」という批判を浴びていたのであり、木崎も自分たちの主張が一般の会員の心に届く深さを持ち得ていないことを認めざるを得なかったのである。

翌六一年の『泉』新年号に載った座談会「一九六〇年の映画を回顧する」では、花原弓（木崎のもうひとつの筆名）が安保闘争に参加した自らの体験を通して「内部矛盾を激化させる」という方法だけでなく、「地道な活動の積み重ね」も大切なことを知ったと語っている。一般会員の意識をつかむことが最重要の課題となったのである。

一九六〇年の十二月、木崎は「大衆批評研究会」を立ち上げる。

その前に、この年にはもう一つ大事なことがある。結婚である。

10……結婚

先に私は映画鑑賞運動の活動家木崎は村上二郎の存在なしにはあり得なかったと書いた。スタート地点ではそうである。だがそれをまっとうし得たのは、生涯の伴侶となった郁子夫人の存在があったからである。

当時郁子夫人は損害保険会社の労働組合の書記をしていた。事務所が神戸映サ事務所と同じ建物内にあった関係上、木崎が神戸映サの専従事務局員になってからは毎日のように顔を合わせていた。彼女は知的で、はっきりとものを言う真っ直ぐな性格の女性である。そうした姿を木崎は早くから目にとめていたと思う。

一九六〇年の七月二十三日、木崎は郁子さんに交際を申し込んだ。

「突然電話をかけてきて、『G線』（三宮センター街にあった喫茶店）で会ったの」

こんなところにも木崎の性格がよく表れている。木崎は憧れの女性には口も利けないほどの恥ずかしがり屋であった。

郁子夫人は翌日速達はがきで承諾の気持ちを伝えた。そしてお互いが理解しあうために「交換日記」を提案している。その日記を郁子夫人は自分が書いた部分を隠して見せてくださった。九月から十月末まで交わされた日記は三、四度往復しただけである。そこには木崎の活動上の悩みや反省が赤裸々に綴られている。

木崎は一九五八年の十一月ごろに共産党に入党したらしい。共産党員として生きようと努力するかたわら、周りの共産党員への失望を語っている。そして「専従になってからは新しい理論書を読む時間もとれない」と嘆いている。六〇年安保のこの年、木崎は活動への悩みから酒に頼るようになり、からだをこわしかけている。それを救ったのは郁子夫人の存在であった。

このころの木崎の恋愛観を知る手がかりが『泉』一九六〇年五月号に載っている。木崎らは「新しい概念つくり座談会」という試みをはじめ、その二回目に「愛ＬＯＶＥ」を取り上げている。このなかで木崎は「先日谷川雁が言っていた」と三池炭鉱争議という極限状態での夫婦愛の例を持ち出して語っているが、後半は自らの内にある人間不信を何度も語り、愛というものはそれを乗り越えるものでなければ意味がないと力説している。木崎の内面を知るうえで注目すべき発言である。

なんのまえぶれもなく
突如やってきた
力
革命への献身を
増幅する力
それが
二人の結婚！
昨日と変わりない
日常のたたかいの連続の
なかにある
今日
高揚していく愛の極点で
止揚された
二人だけのパーティ
それが
私たちの結婚！
1960.11.8
木崎　敬一郎
郁子

結婚通知はがき（1960年11月８日）

交際申し込みから三か月。ふたりは結婚した。電撃結婚であった。結婚を知らせる十一月八日付のはがき[38]を見ながら、私は「なぜこの日なんですか」と尋ねた。

「その日、結ばれたから」

それが郁子夫人の答えだった。

その日、木崎は郁子夫人のアパートを訪ねてきて、集会で講演者の野間宏とやりあった様子を興奮しながら話していたが、終電車に遅れてしまい、泊まったという。そしてその夜ふたりは結ばれた。ふたりは話し合い、その日こそが「二人の結婚」として発表したのである。

「周りからはアバンギャルドとかいわれてましたが、木崎はそういうモラルの持ち主でした」


ふたりは木崎が尊敬する武田光雄[39]に媒酌人になってもらい山形県鶴岡市でささやかな式を挙げる。その依頼の手紙は郁子夫人が書いた。ふたりは十二月二十六日夜八時十分、大阪駅発の夜行列車で北陸路を東北へ向かった。当時は新幹線や飛行機などない。この年の冬、北陸は記録的な豪雪だった。列車は遅れ、鶴岡には一日遅れて到着した。武田が駅に迎えに来てくれていたという。鶴岡では鶴岡生協の方の家に泊まらせてもらい、鶴岡生協映画委員会のメンバーと交流会をもった。

「私は映画のことはわからないので、ずっとだまっていました」

それが「結婚式」だった。

滞在中、ふたりは武田の案内で蔵王に行っている。そして一月五日の早朝、鶴岡を後にした。*40

11 武田光雄氏との出会い

武田光雄はその当時五十三歳。鶴岡生活協同組合専門部映画委員会（現、共立社鶴岡生協映画委員会）の委員長であった。そんな遠く離れた人と木崎はいつ知り合ったのだろう。

後年、木崎が『シネ・フロント』に書いた文章*41によると、最初の出会いは一九五八年十一月三日、名古屋市社会文化会館で開かれた第四回映画観客団体全国会議での『戦艦ポチョムキン』の試写の後であったようだ。

この文章は第五回映画観客団体全国会議（宝塚会議）が前後していたり不正確なところがあるが、試写の直後に武田に呼ばれショットの意味を尋ねられたのは間違いないだろう。なぜ武田が木崎に声をかけたのか、今となっては本人に確かめることはできないが、『泉』や『映画批評』で木崎の名前を目にしていたからではないかと思う。

しかし、それは一瞬の出来事である。武田のことが木崎の心に深く刻み込まれるのは、翌年の宝塚会議のときだろう。鶴岡生協映画委員会発行の機関紙『鑑賞資料』一九六〇年一月号の「委員会の活動記録」によると、宝塚会議に武田は同会の後藤三雄とともに出席しているが、会議が終わった後も三日間関西にとどまり、尼崎、神戸、大阪映サと交流したと記されている。このとき木崎は、武田がわざわざ東京に出向いて映画を観るほどの映画愛好家であり、鋭い作品分析力と鶴岡の地で鑑賞会を組織する行動力、その温厚な人柄を知って、惹《ひ》きつけられたのであろう。

右から２人目は時実象平、その左隣が武田光雄（1963年9月3日、自主上映東北地方ブロック会議。髙橋はる子氏＝左から２人目提供）

さらに注目すべきはその後の鶴岡の動きである。

『鑑賞資料』の同じ号には「第五回映画観客団体全国会議に参加して」という記事が載っているが、そこには神戸映サ機関誌『泉』が引用されており、今後の鶴岡での活動のあり方について議論をしようと問題提起している。

そして『鑑賞資料』一九六〇年三月号で、「鑑賞能力をたかめるためには、機関紙、合評、研究の諸活動を主体的、積極的にとりくんでゆかなければなりません。（……）機関紙のはたす役割は実に大きいと思います。（……）全神戸映画サークル協議会の機関紙の内容は素晴らしいものです。（……）これを機会に、（……）もっと機関紙名にふさわしい、したしめる名称にしたいと思います」と新しい機関紙名を募集し、翌四月号は「多くの募集があり、係では大張り切りで討論した結果」決定したと、機関紙名を『映画のなかま』と改題しているのである。
一九六〇年四月というと、木崎が『泉』通巻一〇〇号記念号に「宣言」を発表し、「エセ活動家とのたたかい」を呼びかけていた時期である。遙か東北の地の武田と鶴岡生協映画委員会の活動は木崎を勇気づけていたに違いない。

12 「大衆批評」の提唱

郁子夫人との「交換日記」のなかに、木崎が「大衆批評」について書いている部分がある。

系統的に追ってきた活動は、映画という映像芸術が人間の意識に働きかける機能の解明だった。専門批評家の観念的な予見とは別に大衆批評という実践の場で、その問題を解明しながら、そこに真の意識変革のモメントを法則的につかみだしてくる新しい批評それが木崎の問題意識であった。
「結婚」は、「新しい批評」への挑戦と一体であった。

一九六〇年十二月、木崎は「大衆批評研究会」を立ち上げる。

その三か月にわたる討議をまとめた文書が翌年の四月に作成された「大衆批評研究会の討議報告」[*42]である。討議に参加したメンバーは木崎、米長のほかに、高橋正治、小坂和男、[*43]西村政明、光森史孝、芝昌宏と記されている。「報告」は木崎が書き上げたものだが、非常に難解で、実際どれほど中身のある議論ができたのか疑問である。『泉』一九六一年四月号には「創刊／大衆批評」の広告が打たれ、B5判、活版、四〇ページのものを近く創刊するとし、予約購読者を募っている。リードには「一昨年の宝塚全国会議以来、その方針として打ち出している『大衆批評の新しいイメージの確立と大衆批評活動の高揚』という中心命題に応える専門誌です」とある。

しかし、この批評誌は発行まで至らなかった。

この広告から一年半余りのちの一九六二年十二月一日、『大衆批評-α[*44]』第一号というガリ版刷り、B5判、一二ページの小冊子が出ている。そこに文章を載せているのは荒川純（足立二朗）と米長壽と木崎である。「-α」（マイナスアルファ）とは目指す大衆批評の水準に満たないとの自己認識の告白であろうが、問題は新しい書き手が育っていないということである。

この冊子の発行者は映画研究会運営委員会となっており、荒川を運営委員長として、運営委員には木崎のほか、米長、小坂和男、清水義之、[*10]新谷三太郎、菱田好男が名を連ねている。この研究会は一九六一年の十月に「再組織」され、以後毎月一回研究会を重ねてきたと荒川が書いているが、ここから推測できるのは、結局、「大衆批評研究会」は有効な批評活動を展開し得ず、秋になって、荒川をトップに据えて以前存在した「映画研究会」の「再組織」という形でようやく活動を始めることができたという事実である。「大衆批評研究会」の討議に加わったとされるメンバーのうち、再組織された「映画研究会」に名を連ねているのは米長と小坂だけであるのも事態の深刻さを表している。

第二号は二か月後に発行するとあり、米長は「原稿も書いて渡した」が、第二号が発行された形跡はない。この活動が続かなかったのは直接的には米長と荒川がそれぞれの仕事の都合で神戸を離れたことが大きいが、米長は集団批評という方法の行き詰まりを感じていたと語っている。

実はこの『大衆批評—α』第一号については、山際永三が『記録映画』誌上で詳細な批判を行っている（「映画批評とは何か?」同誌一九六三年五月号 三四〜三六ページ）。山際は「映画と批評の会」いらい全国の映画サークルと積極的にかかわってきた映画監督であり、神戸映サとのかかわりも深い。当然、その批判は神戸の実情を十分知ったうえでなされたものであり、彼の批判は「大衆批評」の弱点を鋭く突いている。そのことについては第三章で改めて検討するが、ここでは木崎は自らの「力のなさ」をなんとか突破しようと懸命の努力を続けていたこと、作家との協働を切実に願っていたことの

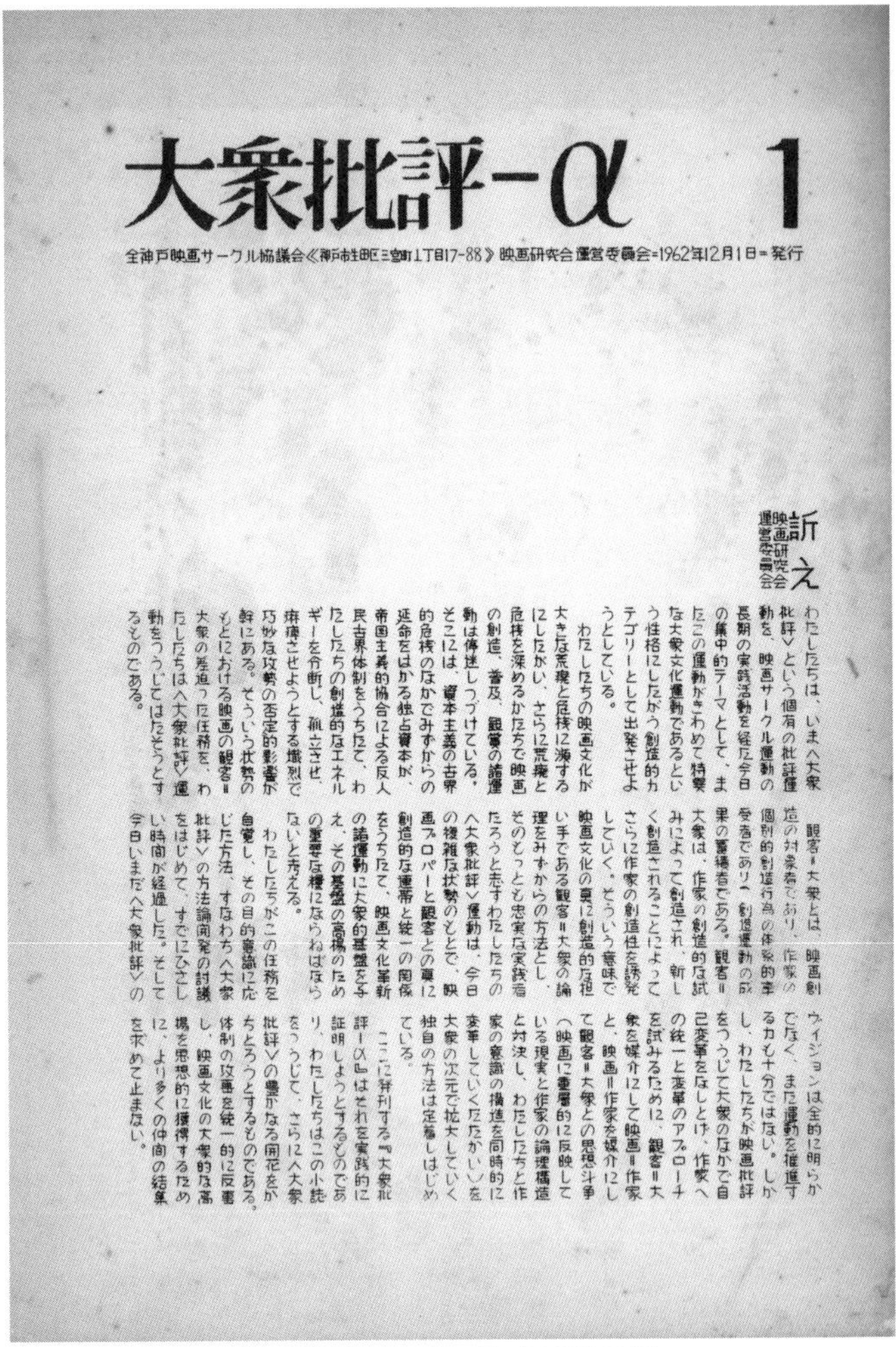

大衆批評－α　1

全神戸映画サークル協議会《神戸市生田区三宮町1丁目17-88》映画研究会運営委員会＝1962年12月1日＝発行

訴え

映画研究会運営委員会

わたしたちは、いま〈大衆批評〉という個有の批評運動を、映画サークル運動の長期の実践活動を経た今日の集中的テーマとして、またこの運動がきわめて特殊な大衆文化運動であるという性格にしたがう創造的カテゴリーとして出発させようとしている。

わたしたちの映画文化が大きな荒廃と危機に瀕するにしたがい、さらに荒廃と危機を深めるかたちで映画の創造、普及、観賞の諸運動は停迷しつづけている。そこには、資本主義の世界的危機のなかでみずからの延命をはかる独占資本が、帝国主義的協合による反人民世界体制をうちたて、わたしたちの創造的なエネルギーを分断し、孤立させ、麻痺させようとする熾烈で巧妙な攻勢の否定的影響が鮮にある。そういう状勢のもとにおける映画の観客＝大衆の差迫った任務を、わたしたちは〈大衆批評〉運動をつうじてはたそうとするものである。

観客＝大衆とは、映画創造の対象者であり、作家の個別的創造行為の体系的享受者であり〈創造運動の成果の蓄積者である。観客＝大衆は、作家の創造的な試みによって創造され、新しく創造されることによってさらに作家の創造性を誘発していく。そういう意味で映画文化の真に創造的な担い手である観客＝大衆の論理をみずからの方法とし、そのもっとも忠実な実践者たろうと志すわたしたちの〈大衆批評〉運動は、今日の複雑な状勢のもとで、映画プロパーと観客との真に創造的な連帯と統一の関係をうちたて、映画文化革新の諸運動に大衆的基盤を与え、その基盤の高揚のための重要な環にならねばならないと考える。

わたしたちがこの任務を自覚し、その目的意識に応じた方法、すなわち〈大衆批評〉の方法論開発の討議をはじめて、すでにひさしい時間が経過した。そして今日いまだ〈大衆批評〉のヴィジョンは全的に明らかでなく、また運動を推進する力も十分ではない。しかし、わたしたちが映画批評をつうじて大衆のなかで自己変革をなしとげ、作家への統一と変革のアプローチを試みるために、観客＝大衆を媒介にして映画＝作家と、映画＝作家を媒介にして観客＝大衆との思想斗争〈映画に重層的に反映している現実と作家の論理構造と対決し、わたしたちと作家の意識の構造を同時に変革していくたたかい〉を大衆の次元で拡大していく独自の方法は定着しはじめている。

ここに発刊する『大衆批評－α』はそれを実践的に証明しようとするものであり、わたしたちはこの小誌をつうじて、さらに〈大衆批評〉の豊かなる開花をかちとろうとするものである。体制の攻勢を統一的に反撃し、映画文化の大衆的な高揚を思想的に獲得するために、より多くの仲間の結集を求めて止まない。

『大衆批評－α』第1号（1962年12月）

二点を確認しておきたい。

だが、その願いとは逆に両者の関係は敵対的な対立に至る。

13 映画作家への期待

「映画と批評の会」を通じて知り合った映画作家たちを木崎は「同志」と見ていた。

一九六一年新年号の『泉』は、大島渚からのお礼の手紙が巻頭を飾っている。前年十一月二十五日、神戸映サ観賞対策委員会が大島渚の『日本の夜と霧』上映中止に対し、松竹に対し抗議声明を送り、再上映を要請したことへの返礼であった。

同号に掲載された「やはり見てしまった一年間」と題する一九六〇年の映画を回顧する座談会で木崎は、

> 中平（康）や増村（保造）沢島（忠）たちが新しい作家として注目をあびて登場しながら、すぐその新鮮さを失ったのは、彼らが運動をもたなかったからだ。ところが、大島（渚）や吉田（喜重）は作家、批評家、観客を統一した運動グループと不断に交流しながら、創作活動をつづけている。このことは画期的だし、この交流の場を守り育てることのなかから、かならず新しい芽は育つと思う。
>
> （（ ）内は筆者が補った）

と語っている。ここで「統一した運動グループ」というのが「映画と批評の会」であることはいうまでもない。

木崎は観客の批評活動は作家の創作過程の不可欠な環をなすと考えていた。だからこそ、「大衆批評研究会」を発足させることと並行して、「映画講座」を開催したのだろう。

「映画講座」は三月二十四日から四月十一日にかけて開かれた。第一回の講師は大島渚であった。続いて、森川英太朗、加藤秀俊、和田勉、多田道太郎が講師を務めた。松本俊夫にも講師を依頼していたが、松本は来神せず、代わりに記録映画『西陣』のプロデューサーで京都記録映画をみる会の浅井栄一が来神している。

14 松本俊夫氏との論争

松本俊夫の記録映画『安保条約』が完成したのは一九五九年八月である。『泉』十月号はそのことを報じ、十月十四日の夜に神戸駅南の電電会館で上映会が開かれている。結果についての記事は見当たらないが、数か月後に、木崎は「頭ごなしに否定するのはまちがいであるし、そういう批判の仕方では、なんら積極的な意味を持たない」「いま必要な批判とは、彼の積極的な意図を肯定しながら、映画に現われた欠陥を指摘し、そういう欠陥を導き出した彼の理論の誤謬を正していく仕事である」(『泉』一九六〇年二月号)と書いている。この記述からすると、映画を見た会員の感想は「頭ごなしに否定する」ものが多かったのだろう。

木崎は、松本の「与えられた現実認識の図式的観念を既成の平板な描写類型によって、素朴に絵ときすればこと足りるとして、これを疑問ともせず、恥ともしなかったわが作家たちの堕落と疎外の状況を…徹頭徹尾打破し克服する」（『記録映画』一九五九年六月号）という文章を引用しつつ、「大衆の側にある意識の停滞や頑迷を『打破し、克服する』ための鑑賞運動も、その方法意識に密着して進められるべきだ」と自らが提唱する鑑賞運動の方法意識が松本の創作上の方法意識と呼応するものであるとしている。

松本に対する次の言及は、『記録映画』一九六〇年七月号に掲載された「大衆批評のなかの技術」という文章に表れる。この文章は編集部（野田真吉）の求めに応じて書いたもので、木崎はこの年の四月十日、広島教育会館で開かれた第十三回関映連総会で自らが展開した「大衆批評」の方法について書いている。

ところが、この文章は最後に「いかにも先覚者ぶった松本俊夫が」「エセ前衛」という松本に対する論難が唐突に出てきて終わる。そのことに私は驚きを覚えざるを得ない。二月の文章と七月の文章のどちらが木崎の立ち位置なのだろうか。後者に私は木崎の松本に対する嫌悪を感じる。このような激しい生理的反応は何に起因しているのだろうか。ふたりのあいだにいったい何があったのか。一年半後（六二年）に『記録映画』誌上でなされた松本との論争[*45]がまったく不毛に終わったのは当然だろう。木崎の「大衆疎外」との批判に、松本はのっけから「大衆ばか」と決めつけている。

そもそも論争は相手に対する尊敬のもとで初めて有意義な実りをもたらすものであろう。相手が切って捨てる対象ならば、木崎が想定する読者は他の実作者たちであろうが、第三者を十分に納得させるものでなければならない。前述の文章の中で山際永三が「木崎の松本批判にも松本が別の形で受けとめるべき点が多々あったことも事実である」(『記録映画』一九六三年五月号 三五ページ)と書いているが、そもそもそうした余裕は両者にはなかったのだろう。少なくとも木崎の側には欠けていたと思う。編集部の野田の要請もあって、木崎は再反論(「芸術の前衛に於ける大衆不在」『記録映画』一九六二年五月号 一八〜二二ページ)しているが、松本は相手にしなかった。

ただ、それを個人的な次元だけで理解していいかというと、そうではない。背景には共産党内部の思想対立[*46]がある。松本は木崎をその磁場のなかで見ているし、それ以外の立ち位置があるとは思いもしていない。松本が『記録映画』一九六二年二月号に寄せた反論(「大衆という名の物神について」)は、「ピカソのスターリン像事件」などを例に、共産党の官僚主義的な文化統制を批判し、その日本版として日本共産党発行の『文化評論』誌に掲載されたY(山形雄策)や山田和夫の文章を示し、「木崎の論理がYや山田の論理とシャムの双生児のように似ている」としている。

しかし、木崎は自分の考えは「Yや山田」とはまったく別だと考えていた。

松本との不毛な論争の結果、木崎の考えは大衆追随の教条的理論と決めつけられた。そして、神戸での実験も一九六三年秋に途絶したために、忘れ去られてしまった。

全国の映画サークル運動は、『戦艦ポチョムキン』上映の大成功を受けた自主上映活動の方向に活路を求めて動き出しており、一九六二年には神戸でも神戸自主映画協議会が発足した。船曳良一が神戸自主映協の事務局長になり、神戸映サは増本烈が事務局長、木崎は事務局次長となった。事実上の分裂であった。

第二章

二度目の挑戦

一九七一年〜一九八〇年

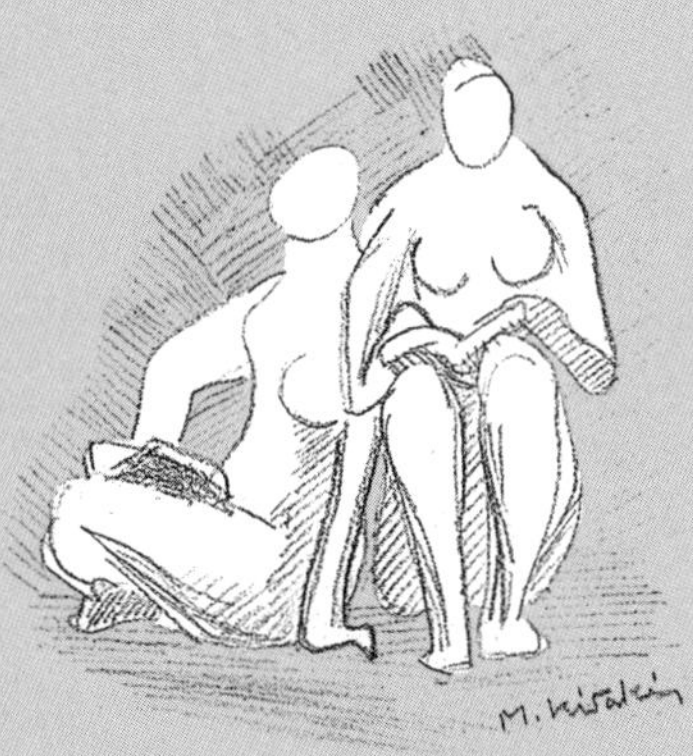

1……全国労映第六回定時総会

一九七一年五月八日、九日、木崎は大阪市内で開かれた全国勤労者映画協議会(全国労映)の第六回定時総会に神戸映サの活動家十二名とともに参加した。

全国労映は一九六六年、全国自主上映協議会が名称変更して発足した団体である。もちろん、序章に書いたGHQ指示の下に組織された労映とも関係ない。

ここで一九六〇年代の映画サークル運動の変遷を概観しておく。

山田和夫は一九九七年に出版した『日本映画101年 未来への挑戦』(新日本出版社)のなかで、「『よい映画を安く』のスローガンはいつしか『見たい映画を安く』に空洞化し、運動の能動的な姿勢が失われていく。そこへ一九五七年（昭和三二）十二月、東京都興行組合が東京都映画愛好会連合に会員証割引の停止を一方的に通告した。（……）映画サークル運動は受動的に陥っていた弱点をつかれて、総崩れに近い状態となる。そのときに映画サークルの最も積極的なメンバーたちが新しい運動の突破口として取り組んだのが、『戦艦ポチョムキン』の自主上映運動であり」（一四〇ページ）と書いている。

山田の目に「総崩れ」と映った映画サークル運動の実情はどうであったか。

一九五九年の第五回映画観客団体全国会議（宝塚会議）で議長を務めた玉林定治郎は中部映画友の会機関紙『映画のつどい』の一九六〇年一月十五日号に、「映画サークルを統一しよう」という会長声明を発表している。その中に、「今都内の映サは六団体にわかれ、それぞれ独自の考え方で活動しています。映愛連はあっても、各地域は自分の組織の維持に精一杯のため（……）この際各地域を統合し、都内の映サを打って一丸とした統一組織をつくるよう呼びかけ各地域で討議が進められていま す」という記載がある。六団体というのは玉林の所属する「中部映画友の会」のほか、「山の手映画友の会」「官公庁映画サークル協議会」「城北映画サークル協議会」「南部映画サークル協議会」「新宿映画サークル協議会」である。東京映愛連はその連合体であった。

一九六二年八月、東京の六つの団体は組織を統一し、「東京勤労者映画協議会」（東京労映）と名称を変えて再スタートしている。この間どのような議論があったのか詳しくは分からないが、東京の映画サークル運動は実質的に自主上映中心の活動となったと思われる。*1

一九五九年二月、横浜の県立音楽堂での『戦艦ポチョムキン』上映会の大成功をうけて全国に広がった自主上映運動は、一九五九年五月に「自主上映促進会全国協議会」（六三年、「全国自主上映協議会」に改称）を結成し、主にソ連や中国など社会主義国の映画を自主公開する活動を展開していた。

しかし「新しい運動の突破口」とされた自主上映運動は、予想以上に早く行き詰まった。その原因を山田は、「事業的活動に大きく傾斜して、職場などを基礎とした日常的な活動が弱まり、発展し、多様化する要求にこたえられなくなって*2」と書いているが、映画愛好家の鑑賞要求を基礎にしていない限り当然のなりゆきであろう。

自主上映運動は、一九六六年四月十五日、東京南多摩で開いた全国自主上映協議会臨時全国総会で「全国勤労者映画協議会」（全国労映）に改組し、事実上消滅した。全国労映の議長には時実象平、事務局長には山田が選ばれた*3（なお、時実は翌年の総会で辞任し、顧問に就任。山田が議長に就任している）。

玉林はこのころ映画サークル運動から離れた。*4

2　神戸映サの一九六〇年代

『戦艦ポチョムキン』は神戸でも歓迎された。[*5] 一九五九年五月十六日、新聞会館大劇場で行われた上映会は観客であふれ、そのため、五月二十四日に神戸海員会館でアンコール上映（四回上映）が行われている。二日間の上映で六七〇〇人が鑑賞した。

全国的な自主上映運動の流れのなかで、一九六一年七月、神戸自主映画協議会準備会が作られ、翌六二年六月には神戸自主映画協議会（神戸自主映協）が発足した。前述したように事務局長には船曳良一が就任した。

しかし神戸では、自主上映運動が全国的に隆盛となって以後も映画サークルは潰れず、また労映への改組もなかった。木崎のもとで鑑賞批評中心の活動が途絶えることなく続けられたのである。ただし、国民の余暇生活と意識が急速に映画から離れていくなかで、会員数の激減は避けられなかった。二万人いた会員は、六二年には一万人を切り、二〇ページ建であった機関誌『泉』は八ページ建となった。

一九六三年の春、増本烈が事務局長を辞めた。木崎は事務局長となり、組織の要としてその難局にあたらなければならなくなった。木崎に荒川純や米長壽が離れたあとの映画研究会を再建する余裕はなかった。

戦艦ポチョムキン

頭を下げ，感謝し，見かつ楽しみ給え。そして，おそらくは映画史上もっとも美しいこのページに向って，熱烈な拍手を送り給え。

ビオグラフフアガレン
（スエーデン誌・1952）

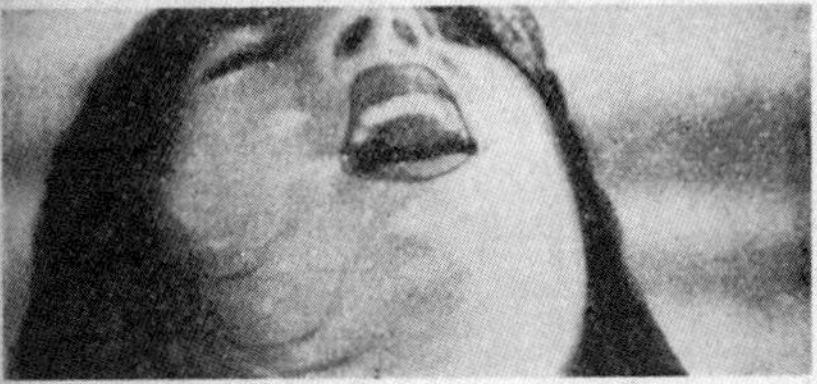

待望の名画遂に上映なる
観客組織（神戸上映促進会）が自主公開

上映時間表

戦艦ポチョムキン	一・〇五	三・三五	六・〇五	八・三五
生きている人形	一二・三〇	三・〇〇	五・三〇	八・〇〇
光と悪魔		二・二〇	四・五〇	七・二〇

世界映画史上最高の古典として広く認められているソ連映画「戦艦ポチョクキン」は、はじめて世に出てから34年目の今日、私たちの手でようやくわが国のスクリーンをもかざろうとしています。戦前戦後を通じた国家の文化統制政策によって、いまだ一般公開されるにはいたりませんが、私たち映画を愛するものの手で、非劇場公開の運動がはじめられたのです。世界いずれの国においても堂々と映画館で公開できたこの偉大な映画が、わが国では映画館以外のスクリーンでしか上映できないことを、私たちは心から怒り、恥じています。私たちは世界の文化を自由に享受する権利をもっており、それを阻む現実を許さないためにも、この運動を成功させる決意を固めています。私たちのこの目的を支持しこの機会に、待望の傑作をまのあたりに見られるよう広く訴えます。

神戸新聞会館 大劇場
5月16日(土)・会費￥80

世界の賛辞 ■

これは世界各国の新聞雑誌の評価です。日本での反響がわからないのが、この上もなく残念です。

■ フランス

全世界の平和を望むものは、みなこの映画の前に頭を下げなければならない。この映画は、世界友好の伝道にひとしいからである。

フランス映画・一九二六・一一月号

何という素晴しい、っねに若々しく、つねに感動的な映画だろう！この映画が傑作である所以は、それが人民のものだからであり、労働階級の解放によって発展の可能を得た新しい芸術の、最初にして感銘深い模はんだからである。

ユマニテ・一九五二・二月

■ アメリカ

〟ポチョムキン〟の監督は、その名を、エス・エム・エイゼンシティンという。彼の名を、しかと憶えておいていただきたい生れながらにして芸術家であるこのロシア人は、映画をいかに作るべきかを知っている。彼の監督としての才能は、証明ずみであるばかりでなく、きわめて大である。

フイルム・デイリー一九二六・九月

30年前に世に現われて以来、エイゼンシティンのすぐれた映画が、全世界の映画芸術と文学とに与えた大きな影響が、今また想起される。ルイス・マイルストーン、ダグラス・フェアバンクス、ジョン・フォード、ヘンリー・キングその他ハリウッドの映画人が、いかに多くのものを、彼のこの映画に負っているか、判断に困るくらいである。

デイリー・ワーカー一九五五・二月

■ イギリス

この映画は、強烈な印象を与え、音楽（一九五〇年に插入）もまたそのドラマチズムを強めている。

オクスフォード・メイル
一九五五・二月

■ ノルウェー

撮影、モンタージュ、大衆的シーン、そのいずれもが、今日なおあらゆる映画の模範となりうる。

ダグニンゲン
一九五五・三月

■ ドイツ

このロシアの映画を見た者は、すべて、跡かたもなく消えてゆく作品でなく、永久に残る作品を見たとの印象を受けた

ベルリナー・ターゲブラット
一九二六・八月

『戦艦ポチョムキン』上映告知（『映サニュース』1959年4月号）

自主上映運動は神戸でも行き詰まった。上映普及活動を担うはずの神戸自主映協が「よい映画を見る会」的な鑑賞組織に変わってしまう。両組織は「このままでは共倒れになりかねない」[*6]という危機感から、一九六六年五月に組織を統一する。神戸映サの会員数は三〇〇〇名になっていた。統一後の名称は「神戸映画サークル協議会」とし、事務局長には木崎が就任した。神戸自主映協の事務局長だった船曳は事務局次長に就任し、「分離」前と立場が逆転したが、翌年映サ活動から離れている。

木崎は十年後に神戸映サ機関誌『映画サークル』に発表した文章のなかで、鑑賞批評活動と上映普及活動という性格の異なる活動を遂行するために組織をふたつに分けたが、うまくいかなかったので再統一したと書いているが、これはきれいすぎる。[*7]

わずか四年ではあるが、それぞれ会員を有し、別々の活動をしていたのである。統一して活動するためには、新しい方針の確立が不可欠であった。その課題は一九六〇年代後半に再び訪れた独立プロの高揚、具体的には『ドレイ工場』（山本薩夫・武田敦 一九六七年）、『若者たち』（森川時久 一九六七年）の大ヒットによる新しい映画サークル運動の担い手の誕生と「市民映画劇場」[*8]構想によって、一九七〇年にようやく成し遂げられた。しかしこの苦い経験によって、木崎は鑑賞運動と自主上映運動の統一理論を発見したのである。

神戸映サは全国労映発足時には加盟していない。加盟は一九七一年三月であった。

3……異議あり

一九七一年五月の全国労映第六回定時総会には全国二十九の団体から一〇八名が参加している。この会議で、木崎は全国労映が規約前文に掲げる運動理念は鑑賞運動本来の理念とは異質であると批判し、映画鑑賞団体は映画愛好家の組織であり、活動の中心は鑑賞批評活動でなければならないと発言した。

全国労映は、民主的映画の創造と普及に携わるプロダクションや配給会社と緊密な連携をもち、民主的映画を普及する活動に重きが置かれていた。方針はこのことを会員の「見たい」という要求を、「見せたい」という要求に高めていくと表現していた。自主上映運動から生まれた観客組織として、当然の内容であろう。

これに対し木崎の提言は「木崎理論」の延長線上にある。

木崎の発言は根本理念についての突然の問題提起であり、結論は出なかった。総会は、この問題を継続して討議することにし、秋に予定している「全国映画の仲間・学習集会」（名古屋フェスティバル）の中心テーマにすることを決めている。木崎はこの総会で運営委員に選任された。

十月二日、三日、名古屋市内で開かれた「第五回全国映画の仲間・学習集会」での議論について、神戸映サの機関誌『映画サークル』（一九七一年十一月号）が伝えている。

木崎提言に対する反論は、一つは「職場を変え、映画を変える」という基本方針から、「職場を変える」課題をとりはずせと主張しているという意見であり、もう一つは労映の階級的性格を否定するものであるという意見であった。

これに対し木崎は、労映は「労働者の組織ではない」「市民的な広がりをもった大衆的文化運動体」（傍点筆者）であり、「映画を愛するという一点で平等の位置をもつ民主的なサークル組織でなければならない」（同前）と反論した。そして、映画サークルは映画愛好家の組織であるから、「映画を変える」エネルギー一本に絞って運動を考えるべきであると、次のように語った。

> 問題は、そういう運動が映画の分野で、映画を素材に、映画を愛する人たちのあいだで、どれだけふかく、ひろく、独自的に、有効にくりひろげられているかです。
>
> それはけっして「職場をかえる」という一般的な課題に拡散、解消してすませない、わたしたち自身の主要な、さしせまった任務なのです。
>
> （……）
>
> 一本の映画を「職場をかえる」のに役立つかどうかといった、政治主義的効用の側面からのみ判断するというのは、芸術にたいする冒瀆であり、（……）わたしたちは（……）多様で豊かな映

画芸術にふれ、思想をきたえあい、感性をゆさぶりあい、そうした活動をとおして人間性を全面的にとりもどしていくサークル活動を重視すべきです。そして、そうした感動をよびおこすほんものの芸術を見つづけ、にせものを見わけていく力をみんなで養うことが、わたしたち自身とわたしたちの人間関係と環境をかえる、いっそう根源的なエネルギーの育成にほかならないことをもっともっと確信すべきです。

(……)

そのためにはいかに善意であったとしても〝民主的独立プロ一辺倒〟におちいり、例会作品を上からおしつけるような運動を注意して避けなければなりません。(……)わたしたちは(……)観賞《ママ》要求から出発し、(……)例会をたくさんの映画のなかから自主的、民主的に決めることが大切です。民主的独立プロとわたしたちの関係をそういう自主的、民主的なものにかえ、自動的な協力関係―なれあいの関係を改善することは、また民主的独立プロ作品を普及・観賞《ママ》運動をとおしてきたえていくことになると考えます。

これが一九七〇年代に木崎が到達した鑑賞運動の基本的理念であった。

一九六〇年代末から七〇年代初頭にかけて、東京、大阪に相次いで「革新自治体」が誕生した。選挙を通じて国政を革新する展望が語られるようになり、共産党は国民の多数派を結集して民主連合政権を樹立するという政権構想を発表していた。全国労映の活動家にとっても、映画観客のなかで多数派となるにはどうすればいいかが問われはじめていた。木崎の提案はこうした課題意識に新しい風を吹き込むものであった。

4 規約前文改正

木崎の提案は、翌七二年四月二十二日、二十三日に東京で開かれた第七回定時総会で規約前文の一部改正となって結実した。

(改正前)

この会は、職場・地域・学園で恒常的に民族的・民主的な映画要求を追求する組織の、全国協議機関である。この会は、働くものの立場にたつ映画要求の実現のために、すべての民主的な映画勢力と結びつきを深め、活動する。(以下、略)

(改正後)

この会は、職場・地域・学園における多様な映画要求を自主的・民主的に結集する映画サークル(協議会)の全国組織である。

この会は、全国にある映画サークル(協議会)のすべてを結集する努力をし、すべての民主的

な映画勢力と結びつきを深め、活動する。（以下、略）

すべて思いどおりであったわけではない。木崎は「民主的な映画勢力と結びつきを深め」ることに異論はなかったが、もっと広く、映画にかかわるすべての人との結びつきを深めなければならないと考えていた。

神戸映サは一九七二年五月に「市民映画劇場」という新しい例会制度をスタートさせた。これは映画館で上映予定の作品のなかから例会候補作品を選び、映画館側と割引料金等条件を交渉し、例会作品を決定し、会員が映画館で鑑賞するというスタイルから、配給会社と直接交渉してフィルムを借り、公共ホールを借りて上映し、鑑賞するスタイルへの転換であった。その背景には当時映画館で上映される映画の大半が暴力や性を賛美している状況への批判があった。

神戸映サの事務局長として、木崎はこの新しい例会を成功させるために全力を投入していた。一方、全国労映の仕事も増えており、両立はますます困難になっていた。

当時の木崎の手帳には神戸映サのスケジュールと全国労映のスケジュールがびっしり書き込まれている。神戸の新しい運営体制づくりに一喜一憂する様子とともに、全国労映の運営に深くかかわっていく様子が見て取れる。

『映画サークル』第26号（1972年7月号）掲載の「座談会 激動する映画情勢と映画サークル運動」。左から深作欣二（映画監督）、山本洋（大映労働組合委員長）、木崎敬一郎、武田敦（映画監督）

全国労映機関誌は、総会後の一九七二年七月号から『映画サークル』と改題した。その号には映画監督の深作欣二、武田敦らが出席した「激動する映画情勢と映画サークル運動」と題する座談会が収録されているが、木崎の手帳のスケジュール表によると、五月十四日、十五日に、東京で開かれた第一回運営委員会に出席し、いったん帰神し、同月十九日の夜に再び上京し、座談会に参加している。木崎はこの座談会の録音テープ起こしと編集作業を引き受けている。その一週間後の五月二十六日には「市民映画劇場」第一回例会『揺れる大地』（ルキノ・ヴィスコンティ 一九四八年）の初日を迎えている。

木崎は最終的に全国労映の仕事を選び、神

戸映サを若いメンバーに託して東京に居を移すのであるが、私は全国的な運動にかかわり、のめり込んでいった背後で木崎の内部で強く蠢《うごめ》いていたのは若いときに諦めざるを得なかった東京への憧れであっただろうと推測している。*9

5……全国労映から全国映サへ

木崎は全国労映の機関誌『映画サークル』に次々と文章を発表し、議論をリードしていった。木崎の提案は、自主的な例会活動によって会員数を伸ばし活発な活動を展開する京都勤労者映画協議会（現、京都映画サークル協議会）や広島映画サークル協議会、北九州映画サークル協議会などの取り組みによって裏づけられ、支持されていった。

一九七四年四月二十日、二十一日、東京で開かれた第九回定時総会は、第六回定時総会いらい続けてきた映画サークル運動の理念、展望についての討議をふまえ、これからの運動の基本方向として「自主的な例会活動を中心として活動する」ことを決定する。

また、この総会は「全国勤労者映画協議会」という名称を改め、「映画サークル全国連絡会議」（全国映サ）とすることを決定した。

第六回定時総会での木崎の提言はついに全国の映画鑑賞運動の基本方針となったのである。

その一か月後に東京で第一回運営委員会が開かれている。その会議の資料を木崎がガリ版で作成しているところをみると、すでに木崎が運動の中心にいることが分かる。

このなかに「（総会で＝筆者注）改善の中心として提起した『自主的な例会活動』についても運営委員間の意志統一のよわさがあきらかとなり、『組織の建設と拡大』の方法については統一された構想を提案できず」という一節がある。木崎は総会での議論に満足していなかった。

しかし運営委員からは再び、それぞれの地域の実情や自主的な例会をもつことへの困難性が出された。木崎の筆になる全国映サ・第一回運営委員会報告「映画サークルを情勢にみあって躍進させる道を出発しよう！」は、「（全国映サは＝筆者注）うえから指導したり、一方的に活動課題をおしつけたりする機関ではありません。（……）（自主的な例会中心の運動は＝筆者注）いま提起されたばかりであり、その意義と有効性については、基本的には今後の各地の運動の実践によって試され具体的にほりさげられていくものだといえます」と断ったうえで、自主的な例会活動の重要性を力説している。

木崎は「例会中心の運動」を一刻も早く全国に広げようとしていた。「鑑賞運動を発展させ、全国映サへの結集をすすめていく武器」として機関誌活動の改善、強化を打ち出している。この編集責任者になったのが木崎であることはいうまでもない。

二十代のころとまったく変わっていない。こうした性向がのちの蹉跌を招くのである。

木崎には機関誌に対する強い思い入れがある。それは一九五八年、初めて機関誌部長となった神戸映サ第五回定期総会の体験に発するものだろう。「機関誌部長の木崎ですというと、会場をうずめた会員がいっせいに注目したんだよ」。その瞬間の興奮を私は木崎の口から何度も聞いている。

上部組織の決定だけで各地の活動が変わるわけではない。木崎が力説した例会活動は自主的でなければならないという原則にも反するものである。

組織の発展にはさまざまな要素が作用しており、機関誌上の呼びかけや意見交換はそのうちの一つでしかありえない。

6 『シネ・フロント』創刊

一九七六年は重要な年である。二月一日、二日に神戸市垂水区で開いた運営委員会で、木崎は全国機関誌の月刊化と規約の全面改正を提案し、了承された。その後、総会議案書の執筆にとりかかり、二月十七日に書き上げている。三月七日、八日、京都市で運営委員会。議案書は原案どおり承認された。機関誌については木崎が編集・営業に責任をもち、会計を一般会計から切り離して独立採算制にすると提案している。規約改正案もほぼ原案どおり承認された。

四月二十四日、二十五日、東京で第十一回定時総会が開かれた。実はこの総会に木崎は出席していない。父が脳卒中で倒れ、二十五日未明に亡くなったのである。東京入りしていた木崎は、早朝東京を発ち帰神している。この総会で木崎は事務局長に選ばれた。総会は会の名称を「映画鑑賞団体全国連絡会議」(全国映連)と改め、新しい規約を採択した。代表委員には浜野良助(東京労映)、出井穣(京都映サ)、塩紀代美(北九州映サ)が選ばれた。山田和夫は顧問に就任した。

木崎は法事が続くあわただしい日々のなかで、全国映連の新しい体制づくりを始めている。五月九日、再び京都市で運営委員会を開き、機関誌『シネ・フロント』を七月から発行することを決めている。このとき初めて新しい機関誌の名称が手帳に表れる。『シネ・フロント』(映画戦線)とは左翼的匂いのする名称であるが、敗戦直後一九四九年から五一年にかけ発行された日本映画人同盟と映画サークル協議会、労働組合映画協議会の共同機関紙名を採ったものと思う。もちろん、内容面では「映画と批評の会」の『映画批評』を意識していたはずである。

木崎はついに引き返せない地点まで来た。

『シネ・フロント』創刊号は一か月遅れて八月に発行された。木崎は巻頭に「映画観客のゆたかで人間的な鑑賞批評のエネルギーを基盤に、観客自身の質的向上をはかるとともに、わが国の映画文化が創造的に、健全かつ民主的に発展することをねがって、映画愛好家自身による月刊ジャーナリズム『シネ・フロント』を創刊することにしました」と書いている。この月刊誌を通じて、全国の映画愛好家を結びつけるとともに、映画の製作・配給にかかわる実作者、評論家との協働を打ち立てようとした。

それまでの機関誌は内部資料的性格のものであった。木崎は『シネ・フロント』によって、組織の枠を超えた広がりと影響力を目指したのである。

『シネ・フロント』は全国映連の機関誌として位置づけられ、木崎を編集長として、運営委員会が編集にあたるとされた。しかし運営委員は各地の映画鑑賞団体の委員長や事務局長であり、二か月に一回開かれる運営委員会で運動方針の討議のほかに編集プランの討議を行うことは不可能である。月刊誌の円滑な編集発行を続けていくには、独自の編集部の確立が不可欠であった。

木崎は『シネ・フロント』の販売収入で、自らの東京での生活を成り立たせようと考えていた。新たに編集部員を雇うことなど論外であった。無償で働いてくれる編集部員が必要であった。東京在住の活動家の力を借りるしかなかったのである。しかし、六〇年ごろ木崎が心をかよわせあった東京映愛連の活動家はすでに活動を離れていた。*10

月刊誌の編集実務はハードである。生半可な気持ちでは続かない。結局、この重労働を担ってくれる部員は見つからず、編集プランの作成から原稿の依頼まで、木崎が一人であたっている。木崎の懐の狭さがネックとなったように私は感じる。木崎と同じ水準で編集実務をこなせる人間なんかどこにもいない。

一九七七年夏、木崎は編集に専念するため神戸を離れ、神奈川県平塚市に住まいを移した。

7　木崎、鑑賞運動を離れる

創刊からほぼ二年、一九七八年五月、木崎は病気のため入院し、約二か月実務から離れた。このとき木崎一人で行ってきた編集作業の弱点が一気に顕在化したと思われる。九月十一日に開かれた運営委員会で顧問の山田が、全国映連の機関誌として出発したはずが木崎の個人雑誌になっていると批判し、当初の方針を守って発行するか、全国映連機関誌としての発行をやめるか、運営委員に判断を迫った。

木崎の理想と全国映連の組織力量がかけ離れすぎているのである。『シネ・フロント』の誌面は木崎の生活のすべてをなげうった献身によって成り立っていた。

翌七九年の一月五日、木崎は山田宅を年始訪問し、『シネ・フロント』の今後のあり方について討議する場を作ってほしいと依頼している。山田は廃刊を主張していた。

三月二十五日、この日は木崎の四十七歳の誕生日である。木崎は三十一日の運営委員会に向けて運動方針案の準備にとりかかっているが、「中央に出てきて実践の場から遠のくと（……）方針案を書きながら内容の迫力のなさを感じ」と反省している。そして三十一日の運営委員会でも「みんなの討論を聞いていて、ときどきズレを感じ」「もう運動のリーダーシップはとれないのだろうか」と日記に書いている。

五月十二日、十三日の第十四回定時総会で、木崎は事務局長を辞任した。後任には浜野良助が就任した。他方『シネ・フロント』は参加者から評価する意見が相次ぎ、継続が確認された。

『シネ・フロント』の発行体制については、その後の運営委員会で毎回議論されたが、結論がでないまま翌年の春を迎えた。廃刊すればことは簡単なのだが、木崎は廃刊には断固として反対していた。そして心情的には運営委員の多数も継続を望んでいた。


一九八〇年五月十一日、運営委員会は今年七月号をもって全国映連としての発行をやめ、以後は木崎の責任で発行体制をつくると最終決定した。

七月五日、六日、東京で第十五回定時総会が開かれた。運営委員会の提案は承認され、『シネ・フロント』は全国映連の機関誌ではなくなった。代表委員に塩紀代美、事務局長に中川耕二（京都映サ）が選ばれた。二人は「自主的例会を中心とした活動」の推進者であり、木崎は新体制の発足を喜んでいる。

だがさすがに思うところがあったのだろう、この日の日記に「映画サークルの木崎時代が終わった感じで淋しかった」と記している。

この日、母が上京している。木崎は総会を終えると東京駅に母を迎えに行き、二人で伊豆の国民休暇村へ行っている。母との旅は木崎の傷心を癒したようである。

映画鑑賞運動の活動家としての木崎の人生はこのとき終わった。

一九八一年一月、木崎は『シネ・フロント』を再刊し、二〇〇一年春に脳卒中で倒れるまで、編集長として映画ジャーナリズムの第一線に立ちつづけた。しかし、それは本書のテーマではない。したがって、私の記述もここで終わる。

第三章
「木崎理論」とは何か

これまで映画サークル運動の歴史に沿って木崎の歩みをたどってきた。このなかで、木崎の主張が、一九七〇年代半ばに全国の映画サークル運動の基本方針となったことを明らかにした。だが、木崎の構想はそこにとどまらない。既存の映画サークル運動の射程を超えているのである。そこで本章では「木崎理論」そのものに焦点をあて、その全体像に迫る。

1 理論の源泉と射程

「木崎理論」といわれた木崎の鑑賞運動理論は、一九五八年、神戸映サの有志で行われた「映画と批評の会神戸支部」の研究活動を母体として構築された。

その理論的源泉は「映画と批評の会」の「目的」にある。

1　実作者・批評家・観客の間にある閉鎖的なワクを打破り、その力を結集して平和を守りわれわれの生活と理想を高める実作及び映画理論を創造・普及する。

2　内外の芸術遺産を継承発展させ、映画にたずさわるすべての実作者・批評家・研究家の思想的芸術的水準をたかめ、日本映画発展のために活動する。

3　映画のリアリズムを変革・深化させ、現場に働く新しい実作者・批評家・研究家を育成するために活動する。

4　内外のすべての組織と交流し、その協力と相互批評をつうじて映画芸術の発展のため活動する。

（『映画批評』一九五八年四月号　四七ページ。傍点筆者）

木崎はここに新しい芸術運動の未来を確信し、鑑賞運動の理論化を図った。

一九五九年十一月の第五回映画観客団体全国会議（宝塚会議）で木崎が行った「映画サークルの性格規定」の提案は、要約すると、集団的な批評活動によって、新しい映画文化を鑑賞者の地点で変革し創造してゆく活動こそが映画サークル活動の中心課題であるというものである。

木崎の提案は、当時の映画サークル運動の大勢が、「割引停止」による会員の激減のなか自主上映運動に活路を求めて動き出していたこともあって、対抗上、批評活動の重要性を強調することに力点がおかれ、それをいかに実践していくかということについては言及していない。しかし、大衆の意識の変革につながるほどの批評活動は簡単にはできない。いかにすれば実現できるのか。ここにはさらに深めていかねばならない理論的課題が残されていた。

そのことを自覚していた木崎は、翌六〇年四月に広島で開かれた第十三回関映連総会で理論化を試みている。この総会の議案書は現在残されていないが、木崎が『記録映画』一九六〇年七月号に発表した「大衆批評のなかの技術」のなかで引用され、さらに詳しく展開されている。

それによると、木崎は目指すべき批評活動について、「映画を、ある人間が、ある状況のもとに、ある問題を訴えようとしてつくった猶予ある〈創造物〉としてでなく、ここに決定的に存在している一つの〈世界〉としてとらえ、その世界の構造を知覚し、分析し、認識し、評価していくことによって、ぼくらと作家の内部に同時に迫っていく批評」と規定し、「スクリーンとスピーカーによって発現されるメデュームを、まず絶対的な〈もの〉としてとらえ、それを軸に、批評を媒介に、作家と観客が無限に接近し

『記録映画』1960年７月号

ていくプログラム」（『記録映画』一九六〇年七月号 一五〜一六ページ）を展望している。観客の側の批評活動が作家の創作活動と密接にかかわってイメージされている。作家の内部に迫るほどの鋭い批評を観客の運動のなかから生み出すのだ、という強烈な問題意識がある。

> 意味をもたない断片的な物体の連合体である映画から一つの意味（内容）を受けとっているのは、私たちが自己の現実認識の仕方でもって、「映画」から「意味」をきりとっているからである。（……）その意味のきりとり方のなかに、私たちの現実認識そのものが反映しており、現実に対する批判精神が内在しているからである。その〝誤解する権利〟も含めて、映画の意味を創造的にきりとる方法において、私たちは、まず自分のなかにある固定概念をくだきながら、現実認識を深めあうべきである。私たちは先人からうけついだ伝統的な固定した論理、マスコミや資本のまきちらす体制の論理を、無意識のうちに身につけている。私たちの内部にあるこの欺瞞の論理構造を、この作業をつうじて、明るみに出し、破壊しあい、未来にひらかれた論理に、それをくみかえていかなければならない。
>
> （前掲書 一六ページ。傍点筆者）

それが木崎が目指す批評の方法であった。

さらに、こうした集団批評活動を展開していくうえで、観客組織の中に集団批評をリードしていく

「研究組織」が必要であると考えていた。

> 「映画と批評の会神戸支部」は、映画を創り与える側である実作者と受けとる側である観客との中間に位置する研究組織であり、実作者と観客の相互交流を円滑強化する媒介体である。したがって、私たちの支部の活動は、観客団体（映画サークル）の観客の先頭にたって、映画鑑賞の水準をたかめる方法論（観賞《ママ》の理論化）を探究し、具体的な作品の分析、評価を試みるにあたって、正確で創造的でさらに積極的な意味づけを行い、つねに観客のなかでの指導的役割を果していく。
>
> （「神戸支部活動方針」『映画批評』一九五八年五月号　六一ページ）

木崎は「映画と批評の会神戸支部」を「中間に位置する研究組織」と位置づけ、機関誌上で展開する大衆的な集団批評活動をリードし、作家との交流を通じ、その内部に迫る、作家と観客の〈相互批評〉によるダイナミックな映画の創造運動を構想していたのである。

2　相互批評

これは木崎一人の特殊な考えではない。「映画と批評の会」に集まった作家には広く共通した考え方であった。たとえば、野田真吉は『記録映画』一九六一年一月号に掲載された座談会（「映画運動を模索する」）のなかで、「ぼくら作ろうとするのは、今の意識変革を目的としたそういうものを作ろうとしているわけだね。そいつを受け手の側で本当に武器にして、テコにして意識変革していくことによって、政治的な現実変革の道にのせていくのが、サークルの動きじゃないかと思うんだな」（二七ページ）と語っている。

この座談会は「観客運動と製作運動の接点を求めて」という副題がついていて、東京映愛連の山之内重巳や京都記録映画を見る会の浅井栄一も参加している。野田の「作品をどう運営するかということは、サークルの工作者の意識のいかんによると思う」という指摘に対して、浅井は「作る思想と方法に問題があるんじゃないか」と反論し、野田が「両方の相互関係だよ」と応えている（同一五、二六ページ）。

この座談会を読むと、そうした方法論はともかく、作家の側は企業の「壁」や資金の「壁」に悩み、観客側は「割引停止」などの「本質的でない」問題に引き回されて、「本当の意味でサークルが作られないでいる」（同二四ページ）ということを双方が縷々述べている。この座談会も両者のあいだで本来あるべき〈相互批評〉がなされていないという現状をいかに克服するかを求めてなされたのである。

さまざまな要因によって作家の側も観客運動の側も停滞を余儀なくされていた。一九六二年に木崎が松本を批判するかたちで提起した問題は、まさに時宜にかなったものであった。それが松本の一刀両断の切り捨てによって閉ざされたことはまぎれもない事実である。東京映愛連の運動がこの停滞を打ち破っていたならば、木崎の批判の誤りは間接的に実証されたといえるだろう。また、作家の作った映画が大衆意識の変革を成し遂げていたならば、これも木崎の批判が的外れであったことを実証したといえるだろう。だが、いずれも起きなかった。つまり、木崎が提起した問題は依然として未解決のままなのである。

そこで今一度、木崎の論稿を精読してみる。

3……木崎・松本論争再考

『記録映画』一九六二年一月号に載った「前衛エリートの大衆疎外」と題する木崎の論稿には、「記録映画運動の大衆的現実について」という副題がつけられている。

松本は木崎が記録映画『安保条約』に対する大衆の「否定的な意見」を無条件に肯定し、それを盾にとって批判していると思い込んでいるが、それは的外れである。木崎は大衆が否定的反応をしたという現実をどう見るかという問題を提起している。さらにいえば、作家一般を問題にしているのではなく、大衆の意識変革を目指している前衛作家に対して、「大衆的現実」をどう受け止めるべきかを問うているのである。

『安保条約』に対して大衆が否定的反応をしたことは松本も認めている。木崎は、松本がこの大衆的現実を正面から受け止める姿勢を持っていないことを批判しつつ、松本が「無関心な大衆の『日常意識を強烈な非日常のイメージによって内側からつき崩す』という意図をもって描いたイメージは、『非日常』のイメージではなく、日常からかけはなれることによって、非日常に止揚されず日常に埋没した、『異常』のイメージ」であり、「このたぐいの異常のイメージ（……）はわたしたちの日常にはあふれており、むしろその点では異常なものこそが日常化している」。だから『安保条約』のイメージに「大衆は日常意識をつき崩されることもなく、低次元の異和感を感じた」のだと論理を展開し、「大衆の日常意識をつき崩す非日常のイメージとは、大衆の日常意識と持続的に対応するなかで、彼らの日常意識を対自化し、日常のなかにひそみながらあまりにも日常的であるがゆえに意識できない現実の発見を大衆自身に強制するイメージでなければならない」と指摘している（同 一一四ページ）。

翌月号に掲載された松本の反論（「大衆という名の物神について」）を見ると、松本は木崎のこの提起をまったく目に留めていない。木崎はあたかもその反応を予見するように、「彼は大衆的＝現実的基盤などとはかかわりなく、ただ自己の現実認識を披露し、現実変革について語るだけ」であると、彼の「前衛としての資質」そのものの批判を展開する。そして、同種の傾向が「大衆運動」「前衛運動」のなかに蔓延していて、それが「松本俊夫をなお無傷に保たせえた」と論じている（同 一一五ページ）。

そこから木崎の筆は、自らが責任の一端を負う大衆運動の側の弱点に及んでいく。

「前衛的エリートと大衆がヒザを交えて交流しあう」（同 二二六ページ）といった次元ではなく、両者が統一運動の論理を持ち得ていないことが問題であるとし、「（大衆は前衛映画に対し＝筆者注）実感の次元では鋭敏に反応しながら意識化できない」。それは「実感を意識化する大衆の論理構造と論理的カテゴリーこそが、停滞したステレオタイプ」だからであると分析し、それを発見していかなければならないと、大衆運動の課題を明らかにして結んでいる（同 二二六ページ）。

その課題への挑戦が「大衆批評」であった。

「ヒザを交えて交流しあう」次元が前述した『記録映画』誌に掲載された作家と映画サークル活動家の座談会を指していることは明らかである。

木崎の蔵書のなかに谷川雁の『工作者宣言』（中央公論社、一九五九年十月二十五日発行）がある。先に引用した「座談会」で、野田真吉が「工作者」といっているのは谷川雁のこの思想である。木崎は「工作者」という思想に神戸映サという大衆組織のなかでの自分の位置を見たと思う。

この著書のなかに、「大衆がなにか自分の胸のうちで結晶しつつあるものを表現しようとするとき、彼は水飲百姓のように隣家からウスとキネを借りてきてもちをつかねばなりません。ところが彼の潔癖さからすれば、どうしても彼はこれは自分でついたもちだと主張できないものがある。（……）自分の力でないものがはいりこんでいるという感じはぬぐい去ることができないのです」（「観測者と工作者」三〇～三一ページ）という一節がある。これは大衆が自らの実感を自らの言葉で表現することの難しさを語ったものである。木崎はこれを「大衆の実感を意識化する論理的カテゴリーがステレオタイプ」と表現したのであろう。

私は、木崎の「大衆批評」は、鶴見俊輔の「限界芸術論」の文脈に位置づけられるものと考える。しかし松本はもとより、他の作家のなかにも、木崎がこのとき提起した課題の画期的意義に気づく人間はいなかった。

4 大衆批評

「大衆批評研究会」とその前身である「映画と批評の会神戸支部」の研究会は、映画理論の学習や映画の作品分析を内容として、一九五七年十二月から五九年三月と六一年十月から六三年十月まで、毎月一回ないし二回のペースで、のべ約三年間続けられた。

山際永三は『記録映画』一九六三年五月号に掲載された「映画批評とは何か？」という文章のなかで、神戸映サの批評活動について、「これだけの分析批評をふんまえた批評は既成の映画雑誌では皆無」であると評価し、「怠惰な映画人など、神戸映サのツメのアカをせんじてのむべし」とまで書いている。当時の神戸映サの批評の水準を判断するひとつの証言である。

そのうえで木崎・松本論争にふれ、「だいたい芸術における前衛などというものはすでに『在る』ものなのではなく、常に進行形で『ある』ものなのである。（……）木崎の考え方の中にはぬけがたく、芸術と政治の混同、作家と作品の同一視といった、（……）自然主義的人間主義的な発想がある。（……）かりに木崎が松本の作品に不満があるならば〝松本は前衛ではない〟と言うべきであり、逆に松本の前衛性を認めるのならどこがいいかのかを神戸映サの中で提起すべきなのである」（同 三五ページ）と批判している。

山際は、不満があるならはっきり言えと書いているが、精読したとおり、木崎は渾身の力を振り絞って松本の表現上の問題点を解明し、批判している。

しかしその言葉は、松本にはまったく届かなかった。第一章で私は、その原因を「政治的磁場」に求めたが、木崎は「映画と批評の会」に所属していた前衛作家なら当然観客との〈相互批評〉をすべきであるということを前提に立論しているが、山際も書いているように、そもそもその前提はないのだ。木崎の批判が「政治的磁場」を突き破るには、松本の心に突き刺さるほどの鋭い作品分析を「大衆批評」活動が生み出す以外になかったのである。

そこに木崎の決定的ともいえる錯誤があった。

続いて山際は、「大衆は抑圧と既成の道徳によるがんじがらめの中で、日々の欲求不満と自己欺瞞をかかえながら、映画を見る行為を通じて、なおゆれ動く自由な意識の中で観客となり、作品のイメージに参加するのである。（……）参加の質、観客の意識内における反応、そこに含まれる批評のするどさ、にぶさが問題にされねばならない。その質を検証して、作家にはねかえすべきものをはねかえし、又観客にはねかえすべきものを相互批判する操作こそ大衆批評と呼ばれるべきである。だから作家対観客のコミュニケーションは作品を媒介して、むしろ観客対観客のコミュニケーションを前提としてのみ可能になるのだ」（同　三五ページ）とし、『大衆批評－α』第一号に掲載された文章について、「例えば吉田喜重の『秋津温泉』を〝俺はこう見た〟〝私はこう見た〟というところで批評は成立するのであって、吉田喜重に〝こうなんでしょうか？〟〝違っているんじゃないでしょうか？〟と言ったところではじまらないのである。（……）評者自身の主体と状況（意図ではなく、具体的現実！）の中から少しでも口に出してもらいたい」（同　三五ページ）と酷評し、『尼僧ヨアンナ』についても、「作品のイメージに対する意味付与、解釈論に終始し、そのイメージを見る者の意識内部のかかわり、反発なり共感なりを充分に検討していない」と批判している。

山際の批判は的を射ている。

しかしだからといって、木崎らの「大衆批評」が無意味であったわけではない。「大衆の実感を意識化する新しいカテゴリーの発見」という課題は、現在においてもいまだ成し遂げられていない課題であり。木崎らがその目標の前で、さまざまな弱点をかかえ足踏みしていたとしても当然である。重要なことはそのことをはっきりと意識し、挑んでいたという事実である。

木崎が作家と作品を区別し、作品を独立した〈もの〉と理解していたことはすでに書いたとおりである。にもかかわらず、山際が批判したような弱点を払拭できなかったのは、作家との〈相互批評〉を強く意識していたことが災いしていたのかも知れない。あるいは、「大衆」という捉え方自体が、自分たちの意識をありのままに見ることを妨げていたのかも知れない。

そもそも映画作品をめぐっての真剣な議論の応酬が一致した見解にたどりつくということはまれだろう。『大衆批評-α』第一号に荒川純が代表して報告した『秋津温泉』（吉田喜重 一九六二年）についても、その評価をめぐって荒川純と米長壽のあいだには譲ることができない意見の相違があった。「大衆」へのこだわりも、「集団」へのこだわりも、木崎の壮大な構想のなかで「統一」されていたが、映画作品の評価をめぐる意見の違いは、簡単には「統一」できないし、逆に無理に「統一」してはならない。多様性こそが未来の可能性なのである。安易な「意見の一致」を戒め、違いを正確に把握し、その違いが生まれる根源を問い詰めていく集団的議論こそが、より高次の認識へ道を拓くと私は思う。それは決して相対主義ではない。

私は前節で鶴見俊輔の「限界芸術論」にふれた。鶴見は「限界芸術」（Marginal Arts）を、「芸術と生活の境界線にあたる」「生活の様式でありながら芸術の様式でもあるような両棲類的な位置をしめる」

と規定したが、それは「美が経験一般の中に深く根をもっていることと対応して、芸術もまた、生活そのもののなかに深く根をもっている」[*1]からである。鶴見が「サークル」を「限界芸術を育てる場所」[*2]と考えたのは、それが生活そのものと密接につながっているからである。野田真吉も指摘したように[*3]、映画を深く見つめるためにも、自らの生活を深く見つめなければならない。その「境界線」のなかから生まれる「言葉」を探る試みこそ目指す「批評」であろう。木崎らの精神を受け継ぎ、新しい批評を生み出していく道は、この方向に求められると思う。

　私はここまで、その試みを木崎にしたがって「大衆批評」と呼んできたが、ここで正確に「集団批評」と記しておきたい。木崎がエリートに対して「大衆」という用語を用いたことに決定的な間違いはないが、時代によって意味するところが変わる概念を用いることは適当ではない。私は人間の集団的本質として「批評」行為を捉えなおしておきたいと思う。

　六〇年安保以後、民衆の意識は急速に左翼運動から離れ、消費的「豊かさ」に飲み込まれていった。そして「自分たちの実感を表す言葉がない」という木崎らの痛切な問いかけに共鳴する感覚は次第に薄れていった。

　だが、「大衆の実感を意識化するカテゴリーの発見」という思想課題を正面に掲げ、映画を観て感じた自分たちの実感を、集団批評の場に曝《さら》け出し、相互批判し、自らの言葉で意識化しようした木崎らの実験は他に例がない。

一九五〇年代末から六〇年代初めにかけて木崎らが挑んだ集団批評活動は、映画鑑賞運動史のみならず、民衆の精神史のなかで特筆すべき出来事であり、今もその輝きを失っていない。

終章 木崎の夢

木崎の原点は「映画と批評の会」にあった。この集団を理想とし、その実践者たらんとする意志が木崎の胸に消えることなく存在していたことを木崎自らが語っている重要な文章が残されている。

木崎は一九九〇年代初めに松竹鎌倉映画塾で戦後日本映画史の講座を受け持ったようであるが、その講義のなかで、「映画と批評の会」に言及している（『シネ・フロント』一九九三年二月号 六〇〜六五ページ）。木崎は自身の六〇年安保体験をふり返りながら次のように語っている。少し長いが、本書を締めくくるうえで欠かせない重要な発言であるので、ほぼ全文を引用する。

私は松本俊夫の文章を（……）批判的に読んでいるのですが、私は彼と同世代であり、同じ映画運動に携わってきましたので、彼が疎外感にさいなまれ、あんな悲壮な文章（『映像の発見』の最後に収録されている「運動の変革」のこと＝筆者注）を発表しなければならなかった気持ちは私なりに理解できます。

なぜかと申しますと、（……）映画の分野でも日本映画を変革するためには作家と評論家と観客がひとつの運動体に結集しなければならないという理念で映画と批評の会という組織が作られ、『映画批評』という月刊誌が創刊されました。（……）私も（……）その会に参加したのです。そこで私は当時まだ助監督であった大島渚、吉田喜重、恩地日出夫、山際永三といった劇映画作家、野田真吉、松本俊夫といった記録映画作家と知り合いになります。また、映画だけでなく、文学、演劇、音楽、その他のジャンルの芸術家や評論家、サークルや労働組合文化部の人たちを結集した国民文化会議という組織も活発に活動するようになり、そのなかで野間宏、安部公房、谷川雁、針生一郎、武井昭夫といった人たちとも知り合いになります。（……）そのころの私たちは（……）みんな若かったものですから、（……）かならず日本映画も日本文化も私たちの手で変革できるだろうという確信を抱いたものです。ところが、安保闘争のすすめ方と運動の総括をめぐって徐々に意見が対立するようになり、前衛を自認していた芸術家・文化人たちと労働組合やサークルの文化活動家たちとが離反しはじめます。（……）映画と批評の会は解体します（……）私は淋しい思いをかみしめながら、一度抱いた確信を幻想に終わらせないために、私なりにたいへん腐心し、あるいは組織再建の努力をしました。私の一生でもっとも精神的にハードだったのはその時代です。ですからそのなかで松本俊夫と同じ心境に陥ることもしばしばあったわけです。

（同　六三ページ）

この気持ちは嘘ではない。私が木崎の言葉の端々にいつも感じていたことである。木崎は松本と激しい論争をした。些末的なことだが、その背景には、生まれが一日しか違わないという事情が絡んでいるように思う（松本は一九三二年三月二十六日生まれ）。木崎は彼に強い親近感を持った時期があるのだと思う。そうでなければあれほど激しい論争は理解できない。

映画塾の講義録は、続けて大島渚に言及している。

　このとき松竹大船撮影所の内部改革の先頭に立っていたのが大島渚です。（……）そのころの大島は、映画運動についてもたいへん健全な考え方を持っており、私は彼の運動論に共感していました。それもこれも映画と批評の会で活動を交流しあった成果だろうと、私は自負しております。そのころの大島の運動論を紹介すると、

と、大島の「日本映画革新への道――監督として、一監督としてだけでなく――」（『戦後映画／破壊と創造』五五、五六ページ　三一書房　一九六三年）の一節を引用している。

　先ず第一に日本映画革新を目指す作家たちの作品上での方法の確立と、それによって停滞する作家たちの作品と闘うこと、その方法が他の作家たちに影響を与えて行くことである。そうした

中で作家たちの組織がつくられねばならない。

第二に、映画産業に働きその革新を目指す芸術家、技術者、労働者の、それぞれの、そして統一的な新しい組織がつくられねばならない。（……）それは最終的に全映画人の組織化を目標とするものでなければならない。

第三に観客の組織が強化されねばならない。（……）そして（……）映画産業内部の組織と結びつき、その激しい緊張の中で未来の日本映画のヴィジョンをつくり出して行かねばならない。

以上三つのことはすぐ出来るという性質のものではない。しかしこうした見通しに立ち、自ら主体としてそのために行動する作家、技術者、労働者、観客が増えて行く以外に日本映画を救う道はない。

いまの大島渚は、そんな運動論を展開していたことも忘れているでしょうし、こうした運動論は捨て去っていると思われますが、私は主要な部分でその論理の有効性を今日も信じて疑いませんし、自分をその実践者として位置づけたいと思っております。

（同　六四ページ）

木崎はここではっきりと「その実践者として位置づけたい」と語っている。

六〇年安保以後、木崎はさまざまな雑誌上で、「映画と批評の会」でともに活動した映画作家たちの「変節」を批判した。彼らには木崎が統一を願っていたとはとても信じられないだろう。だが、本書の読者はそうした性格が青年期からまったく変わっていないことに気づかれただろう。確かにそれは木崎の欠点である。しかし、それが木崎の理想主義なのである。作家と観客は「厳しい緊張」をもって連帯しなければならない。この信念を木崎は愚直なまでに貫いた。

一九六六年、木崎は大島渚宅を訪ね、「映画と批評の会」の再組織を呼びかけている。大島に期待していたのだろう。だが大島はまともに取り合おうとしなかった。*1

そうしたなかで、山内久の脚本に出会う。『若者はゆく――続若者たち――』。一九六九年に封切られたこの映画のあるシーンに、木崎は強く惹きつけられた。それは民青系のセクトに属している三郎（山本圭）がかつての親友で今は全共闘系セクトに属している小川（江守徹）のところに説得に行き、追い返されトボトボと帰っていくシーンで、ガード下で立ち止まり、後ろを振り返るシーンである。ここで描かれた挫折感、無念さに木崎は強く反応した。

そして山内久が三郎の挫折の克服の道を描き出してくれることを期待するのである。木崎は山内に手紙を書いて直接その期待を伝えた。だが完成した『若者の旗』（森川時久 一九七〇年）は三郎の挫折からの立ち直りをテーマにはしていなかった。山内久をもってしても、難しかったのであろうと、木崎は推測している。*2

木崎はこの思想的断絶の克服を、その後もことあるごとに口にしつづけた。

あとがき

二〇一五年三月六日、木崎は横浜市内の介護施設でその生涯を終えた。この日も郁子夫人が付き添っていた。木崎は、彼女に向かって、今まで見せたこともない穏やかな笑顔を見せた。そして、安心した彼女がウトウトとしたほんの一瞬のあいだに、静かに息を引き取った。

木崎の遺言によって私は蔵書の整理を託された。かねてより彼の鑑賞運動における理論的貢献について記録に残したいと伝えていたのであるが、その作業が私の怠慢から先のばしになり、ついには彼の死に直面してしまった。私は木崎との約束を果たそうとあらためて決意した。

木崎は高校時代から断続的であるが詳細な日記をつけていた。それを彼は段ボール箱にきちっと梱包して保管していた。郁子夫人も彼の死後初めてその存在を知ったのだが、彼女がその閲覧を私に許してくれたことによって、私は初めて木崎という生身の人間の苦悩を知ることが可能となった。私の拙文によって、人間木崎の姿が少しでも多くの人に知ってもらえたなら幸いである。

執筆にあたって、米長壽氏、清水義之氏、細川俊三氏、村上漾子《ようこ》氏、柳田茂信氏、髙橋はる子氏にたいへん貴重なお話を聞かせていただいた。あつく御礼申し上げます。各氏の証言によって私の知らなかった木崎の姿を知ることができた。とりわけ、「大衆批評研究会の討議報告」という文書の存在を私に教えてくださった米長氏は、木崎に決定的影響を与えた人物であったことを今回あらためて知り、その幸運に不思議な縁を感じた。また清水氏は熟慮されたご自身の木崎像を語ってくださった。米長氏は木崎の同僚、清水氏は後輩。私はさらに後輩。この年齢的なずれが木崎を三点から観察することを可能にした。とはいえ、私の非力さは隠しようがない。文責はすべて私にある。

映画史研究者の佐藤洋氏には資料提供など数々の援助・助言をいただいた。私は若い研究者である佐藤氏の丁寧な仕事ぶりにいつも啓発されているが、彼の励ましなしに怠惰な私がここまで来ることはできなかったと思う。また、私の四十年来の友である鵜久森典妙氏、高橋一郎氏と「映画製作委員会」から製作資金の援助を受けた。編集・装幀を引き受けてくださった風来舎の伊原秀夫氏との出会いも私にとっては嬉しい出来事だった。若き日の木崎の素描画を収録できるとは思いもしていなかった。そのほか多くの方に助けていただいた。この場をかりて深く感謝したい。

映画鑑賞運動の活動家木崎敬一郎は郁子夫人の存在なしには考えられない。木崎は彼女を信頼し、心底頼っていた。これが私の実感である。

私の拙いこの一文を郁子夫人に捧げます。

資料　映画文化の変革を目指す運動集団　映画サークル協議会の性格について

木崎敬一郎

性格を規定する視点

私たちの映画観客団体の性格規定は、団体のもっているさまざまな性格を固定的に分類し定義づけようといった客観的な姿勢で行うのでもなければ、もちろん、団体の歴史と現状がもっている正負の要因を合法的に解釈しようといった消極的な意図にもとづくものでもない。私たちがすでに十余年運動をつづけてきた今日、あらためて自からの運動のイメージを明確にしようとする試みは、現今の運動の全国的な状況が、局部的には発展をつづけながらも、全体的様相としては、どうにもならない停滞と混乱に被われており、従来の運動のとらえ方では、反動攻勢の全的な構造に対応し運動を発展させることはもちろん、持続することすら困難であるという危機の自覚から出発している。

さきの項でもみてきたように、映画産業は六社による独占集中化を完了すると共に、支配体制のもつ反動的なイデオロギーと権力に従属する度合いを深める一方、相互矛盾をもいよいよ深めて来ている。

彼らの市場争奪戦は興行界の系列化によってその支配力を増し、内部分裂をともないつつ、未曾有の不況をもたらしている。そして、不況にあえぐ興行者たちは、病源《ママ》をとりのぞく方向でなく、近視眼的な手術でもって、当座の生命をかろうじて保とうとする傾向が全国的に顕著で、観客団体に対する否定的な態度が各地に目立っている。それら外的状況にとりかこまれて、私たちの組織は、いわば〝ジリ貧〟の状態に追込まれつつある。しかし、この〝ジリ貧〟状態というのは、ひとり私たちの組織のみでなく、おおざっぱないい方をすれば、私たちの友誼団体、労働組合等をおしなべた全国的な民主運動の現状だといえる。民主団体へむけての系統的な反動攻勢は、陰に陽に組織化、集中化されており、マス・コミをつうじた思想攻撃が次第に露骨化されてきているのが現状である。

これら支配階級の統一された広汎な反動攻勢の中では、民主団体のそれぞれが運動の現状をどう打破するかという問題は、各組織の独力ではどうにもならない限界が、すでに見えているようである。

私たちの観客団体の運動の停迷《ママ》を打破するための問題も、団体独自の条件にもとづく特殊性をもつとともに、かなり普遍的な共通性もかねそなえている。私たちの運動は局部的に発展を持続させえないし、民主運動全体の発展なくて私達の運動の真の発展は保障されない。

また、私たちの運動の発展は、必ず他の運動に好ましい影響を与えていかねばならないものである。だから、私たちの運動は便宜的にでなく、原則的に民主運動の統一へむかう運動のプログラムをくむべき時期であり、民主運動統一のイメージのもとに、自分らの組織を正しく位置づけていかねばならない。もちろんそれは、運動の主体性を解体した機械的な合一でなく、あくまで運動の自立性を機能的に高めることで達成できる真の統一を指している。

したがって、私たちが、いまから行おうとしている映画観客団体の性格規定は、そういう視角からとらえなければならない。すなわち、性格規定とは、私たちの運動の未来へむかった展望にほかならないのである。

矛盾を内在した集団

運動の未来への展望は、現状の確認から出発しなければならない。

私たちの観客団体の主体的な意識は、勤労大衆のすべてが、働くもののほんとうの幸福を保障される明るい未来を求めるように、映画文化の発展を同じ地点から要求することで統一されている。このことは、いまさら論議するまでもなく、運動の歴史が雄弁に物語る自明の目的意識であり、この意識を放棄してしまっては、歴史的な組織の存在理由を失ってしまう。したがって、私たちの属する映画観客団体の性格規定も、運動の未来的展望も、この意識に固執することによって尺度づけ、定着しなければ意味がない。ただ、この主体的な意識と客観的な現実との間には、かなりの断層のあることも事実である。

しかし問題は、組織の性格を現実に合わせて切り取るのでなく、断層をどう埋めるかという運動の方法論において、組織を性格づけるのでなければならないということである。

たしかに、〝映画を安く見たい〟という素朴な要求で結び合っている組織の現実は、映画が大衆的な文化媒体であるところから、必然的にきわめて大衆的な性格をもっている。構成層は、年代、生産関係、生活環境、思想的立場等、すべて種々雑多であり、全体的には、マス・コミ集団特有の無記名性が色濃い。そして組織の底辺は、有目的的な連帯性に欠けることから、「サークル」という概念がもつパーソナル・

コミュニケーションの機能がいちじるしく低い。かなり活発なサークルにあっても、文化活動としては未分化なものが殆どであるのが、その特色である。

しかし、だからわれわれの団体は文化団体でもサークル協議会でもないのだといった現実裁断論では、積極的な性格規定にはならないわけである。

働くものの明るい未来を展望する文化運動は、現代日本の社会構造のなかでは、つねに反体制的なものを指向する。運動の主体的な意識は、必然的にそういう立場にたたされるのである。しかし一方文化の大衆化は、資本主義の発達とともに進行するものであり、大衆文化はつねに体制維持的なものを指向する運命をもっている。この運動の主体と運動の対象との間に起る指向性の矛盾は、現在の社会では避けがたいものである。

ところで、私たちの組織は大衆的であるがゆえに、そういう大衆文化——私たちの場合映画——に真に対決できるという積極的な側面と、既存の大衆文化の愛好者を対象に組織を大衆化しているために、対決の主体的意識を希薄にするという消極的な側面を不可分に内包している。組織が量的に発展するにつれ、この両側面が拡大するという矛盾も、私たちの組織構造においては避けえないわけである。だから、この点でも現実裁断論は用をなさない。

文化変革を指向する主体

運動の主体（観客団体＝協議会）と運動の対象（映画ならびに映画観客）との間には、矛盾が必然的に内在されているとして、この矛盾をどう統一していくかという方法が、とりもなおさず、運動のプログラムになり、このプログラムによって組織の性格は規定される。

運動の主体の指向するものと、大衆文化の指向するものとの間の矛盾を埋めるためには、大衆文化をなりたたせている仕組みを変革しなければならないし、映画に対決する組織の積極的な側面に対決を弱める消極的な側面をくみかえていくためには、大衆のなかにある文化意識を変革しなければならない。私たちの組織は、この二つの変革を目指す運動体であり、そのための広汎な舞台である。映画の仕組みと映画を媒体に発生した大衆の文化意識を相関的にとらえたものを、かりに映画文化と呼ぶとすれば、私たちの映画観客団体は、基本的には映画文化の変革を目的にした文化運動体だといえる。

私たちが、今日まで行ってきたさまざまな活動も、すべて映画文化変革のプログラムにくみいれなければならないし、また当然くみいれられるべき活動だった。

独立プロとの連携、独占企業内の映画人、労働者との交流、自主上映、小型映画運動等の諸活動は映画の仕組みを変えていくための直接的な運動であったし、割引活動、映画の研究、批評、推薦活動、特定映画への大衆動員等は大衆の文化意識を変えていくための運動としてとらえるべきである。ただ、運動の十年にあまる歴史のなかで、そのために費されたぼう大なエネルギーの量に比して、成果が必ずしも大でないこと、現状の組織がもつ量に比して運動の質が依然として高くないことは事実であり、そのために〝プレイガイドだ〟とか〝消費組合的な団体だ〟とかいった批判も起るわけである。だから、この批判を越えるためには、批判の指摘を否定するのでなく、指摘される機能的部分をも高度に維持しながら、本来の運動のプログラムへむかって、さきに摘出したような諸活動を立体的にくみあげていくべきである。そしてプログラムを正しく組むには、まず運動の主体が映画文化を変革する論理を持たなければならないし、変革の論理を身につけるためには、映画のあるべき未来像と大衆の発展的な像を同時に描きながら、そのかかわりあい方のなかで変革のモーメントを発見していかねばならない。

映画文化の変革は、その受け手である大衆の文化意識の変革なしに達成されない。したがって、映画変革の論理の主要な部分は、大衆の文化意識の変革の論理と重なる。それは、現在大衆の中にある映画観のなかの形骸化した部分――既存批評の技術主義的、芸術主義的、主観主義的なパターンの引き写し――を壊していくことであり、既存の価値観をもとにして、大衆の趣向性を外から上向させていく啓蒙活動でなしに、大衆の趣向性のうらに潜んでいる思想形態に密着しながら、内側から価値観を変革していく創造活動を中心におくべきである。それはまた、大衆の普段の姿勢のなかで、映画にたちむかっていく潜在的な批評精神を顕在化し、それに方向を与え、組織する活動と併行して進められなければならない。

観賞組織の創造活動

私たちの映画観客団体は、映画文化の変革を遂行していく文化運動体であり、それはまず、大衆の文化意識を啓蒙するのでなく、変革していくための方法と機能を持った組織でなければならない。そのためには、映画という大衆的な文化媒体を素材に、広汎な思想斗《ママ》争の場、すなわち集団批評の場を設けなければならないし、その場により多くの大衆を組織していくためには、運動の主体が、価値観を大衆に確定的におしきせるのでなく、予定的に提出することによって、柔軟な集団点検を可能にしていく姿勢をもたねばならない。すなわち、運動主体の価値観をつねに大衆のなかで検証し、大衆のなかの価値観をつねに運動主体が発展的に吸収できるのでなければならないのだ。それには、批評の循環運動の通路を確保することが大切であり、批評活動というものを、いままで私たちが持っていたものとは別の、全然新しいイメージとしてとらえなおさねばならないだろう。すなわち、私たちは、私たちの組織によってはじめて可能な、大衆の新しい価値観の創造活動を進めるとともに、新しい価値観を築いていく批評活動のイメージをも同時に創造化していくという意味で二重の創造活動を行なわねばならないのである。その意味でこそ、私たちは単なる鑑賞団体の領域をのりこえて、新しい文化創造の統一運動に参画していくことができるし、参加しなければならないのである。

自主上映運動、小型映画の製作・映写活動は現在かなり重要な活動として、私たちはとりあげているが、これらは私たちの組織の本来の機能からすれば、異質の活動であって、将来は当然分化されるべき運動である。そして、未来においては、それら異質の観賞・普及・創造という三つの機能をそれぞれ主体にした三つの運動組織を包含した一周りスケールの大きい地域映画文化センターを設立することによって、有機的に再び統一させるという展望を私たちはもつべきであろう。

私たちの組織は、映画文化を変革していく運動体であり、新しい映画文化を観賞者の地点で創造していく運動体である。したがって、私たちの運動の成果または発展の度合いは、既存の文化意識をどれだけ変革し、新しい文化観をどれだけ創り出したか、という高さ、豊かさ、広さによってのみ測られるべきである。どれだけ多数の会員を擁しているか、また特定映画にどれだけ多数動員しうるかといった組織力はその発展の基礎であるが、そのこと自体を運動の評価にすりかえてはならないことは、いまさらいうまでもない。

民主勢力を強める運動体

ところで、私たちの文化意識を変革し、大衆の発展的エネルギーを組織し、方向づける作業を、働くものの明るい未来を構築していく斗い《ママ》としてとらえるかぎり、それは、現在労働者階級を中心にした平和と民主々義を守り育てる勢力を、内側から強める文化運動のなかで正しく位置づけていかなければならない。民主勢力を強めるために映画文化を活用して、民主勢力を強めることによって、映画文化を変革していかねばならないのである。映画の仕組みを変え、独占企業の支配下にある映画の質を変えていくためには、私たちの組織の運動機能を高めながら、労働者階級を中心にしたあらゆるジャンルの文化運動の統一を強めるとともに、大衆と知識人、受け手と創り手の思想的に広汎な統一を深めることなしには不可能である。私たちの組織をあげての、「良い映画」への大量動員で、日本映画の質を変えられるといった幻想は、いさぎよく棄てるべきである。そして、私たちは組織の物量的な力を過信するのでなく、組織の大衆的な機能だけが独自になしうる文化運動への発言力でもって、民主戦線の統一のために働くべきである。そして、そこに映画文化の新しい媒体を創造することによって、独占企業の映画イデオロギーに対決すべきである。

以上の組織としての統一戦線、個人としての人間変革が、運動内部で有機的、立体的にくまれないかぎり、私たちの運動は決して進展しないし、〝ジリ貧〟状態を克服できないであろう。私たちは個人と組織の内部にある矛盾をおし隠すことによって、外的な統一を保つのでなく、むしろ矛盾を摘発し、正しく解決していくことによって、内的な統一を強めていかなければならない。私たちの運動は、まず政治に従属することからはじまり、政治から中立する方向に進んできた。しかし、現今の巧妙で激しい反動攻勢に対決し、自らの文化運動を守り育てていく正しい政治性と、平和と民主主義を守り育てようとする政治的な運動を、究極において強める文化運動の機能を私たちは設えなければならない。私たちは政治から中立するのでなく、政治性を強めることによってこそ正しい文化運動であり、真に自主的な文化運動を進めるために、どうしても政治性を持たねばならないという地点で、私たちの組織をとらえるべきである。

私たちが、現実に対する認識を深め、未来に対する展望を明らかにし、文化変革の論理を持ち、運動のプログラムを正しくくみあげていく仕事は、反動的な支配体制の攻勢にさらされている大衆を体制順応の地点から抵抗者に組織し、反体制的な民主勢力を内部から強めていかねばならない文化運動の任務の重さを、映画観客団体の担い手として自覚することによって支えられるべきである。私たちの性格規定は、その仕事のなかで明確化してくるものでなければならない。

（『第五回映画観客団体全国会議議案書』）

木崎敬一郎と神戸映画サークル（神戸映サ）関連年表

年	木崎関連	全国の動き
1932	3・25 神戸市兵庫区荒田町で生まれる	
1941	1 父母、満州へ移住する	
1945	3・17 空襲で荒田町の実家焼失する 3 愛媛県の母の実家に疎開する	
1946	3・10 愛媛県出海高等小学校卒業 4 大阪府吹田市の叔父の家に預けられる	
1948	3・15 父母と一緒の生活に戻る	1 東京映サ（第一次）発足 4 東宝大争議
1949	4・1 兵庫県立神戸高校入学	10 全国映サ協発足
1950	8 神戸映サ結成	
1952	2・27 同校卒業	11 鶴見俊輔「一つの日本映画論」発表
1953	4・16 神戸市立外国語大学（二部）入学	
1954	3・31 「日新堂」に臨時職員として採用される	
1955	10・31 神戸女子短期大学文化祭で「姉の言葉」演出	12 東京映愛連発足
1956	1・27 神戸映サの「シナリオ研究会」に参加 3・27 戯曲「歌声は高く」（第三稿）書く 10・21 神戸映サ第三回定期総会で村上二郎が事務局長に選ばれる	10 瓜生忠夫「ウドの大木たるなかれ」発表
1957	3『れふれくたあ』第六号の「部員紹介」欄に名前載る	6『映画批評』創刊

8・18「映画の観方について」発表。村上二郎と親しくなる
10・1『神戸映画旬報』の「巻頭言」書く
10・1『レフレクター』第七号に「映画の観方について」掲載される
11「映画と批評の会」熊谷光之氏来神
12・6「映画と批評の会神戸支部」結成
12・26「映画と批評の会神戸支部」の研究会始まる

9・2「環境衛生関係営業の適正化に関する法律」施行される

1958

1・25『Kobe映画批評』第一号発行
1・19 常任幹事会で機関紙責任者に指名される
5・25 神戸映サ第五回定期総会で機関誌部長に選任される
7『神戸映画旬報』の機関誌名を『泉』に変更する
11 有井基、荒川純らと『死刑台のエレベーター』について作品研究を発表する
11・3 第四回映画観客団体全国会議（名古屋）で武田光雄と出会う
11・30 常任幹事会で新方針「新しい文化創造のための勢力中核になろう」を提案する

12・19 東京都興行組合、東京映愛連に割引停止を通告
6『記録映画』創刊
12・25『船艦ポチョムキン』上映促進会発足

1959

3・18『船艦ポチョムキン』神戸上映促進会発足
5・16『船艦ポチョムキン』新聞会館大劇場で上映される（5・24に海員会館でアンコール上映）
5・24 神戸映サ第六回定期総会で村上事務局長辞任。新事務局長に船曳良一。木崎、役員から外れる
6 専従事務員になる

2『映画批評』停刊
2・21 横浜で『戦艦ポチョムキン』上映
5・3 自主上映促進会全国協議会結成

7・11〜12　熱海で開かれた第五回映画観客団体全国会議準備会に神戸映サを代表して参加。「映画サークル協議会の性格について」関映連が担当に決まる
9・5〜6　常任幹部会で機関誌『泉』の難解さが議論になる
10・4　尼崎勤労者映画協議会事務所にて、全国会議議案の検討会
10・14　『安保条約』上映会（電々会館）
10・14　引き続き神戸映サ事務所にて全国会議議案の検討会
11・5　「文化変革の論理を身につけよう」発表（『映画と観客』第四号に収録）
11・22　第五回映画観客団体全国会議（宝塚）で「映画文化の変革を目指す運動集団—映画サークル協議会の性格について」報告

8　松本俊夫『安保条約』完成

1960

2　『安保条約』について、映サ内での議論を呼びかける
4　『泉』一〇〇号記念号に「宣言」発表
4・10　第一三回関映連総会（広島）で「大衆批評の方法について」報告
6　安保闘争に参加
7　『記録映画』七月号に「大衆批評のなかの技術」発表
7・23　小川郁子に交際を申し込む
11・7　結婚
11・25　『日本の夜と霧』上映中止に対し、松竹に抗議声明を送付
12　「大衆批評研究会」の討議始める
12・28〜　東北鶴岡へ
12　鶴岡生協映画委員会・武田光雄の媒酌で披露宴をあげる

8・15　谷川雁、武井昭夫ら六名「さしあたってこれだけは」発表

1961	3・24～「映画講座」開催（講師に大島渚監督ら） 4 「大衆批評研究会」の討議報告まとめる。『大衆批評』誌創刊を予告 5・21 事務局次長に就任（神戸映サ第八回定期総会） 10 「映画研究会」再組織	
1962	1 『記録映画』一月号に「前衛エリートの大衆疎外」発表 5 『記録映画』五月号に「芸術の前衛における大衆不在」発表 6 神戸自主映画協議会発足（事務局長・船曳良一） 6・10 事務局長に増本烈選出（神戸映サ第九回定期総会） 12・1 『大衆批評－α』第一号発行	1 山之内重巳「映画サークル運動の十年」連載開始 2 松本俊夫「大衆という名の物神」発表 8 東京労映発足（「東京映愛連」改称）
1963	5・12 事務局長に就任（神戸映サ第一〇回定期総会） 7 『自主上映』第二号に、山際永三批判論文（「現実から離れた荒廃と堕落の理論」）発表 10 映画研究会途絶える 12・2 第六回映画観客団体全国会議（東京）で「批評活動は統一と団結の武器」報告	5 山際永三「映画批評とは何か？」発表
1964		3 『記録映画』廃刊 6・24 映像芸術の会発足 12 『映像芸術』創刊
1965	6 『文化評論』（六月号、七月号）に松本俊夫批判論文「アバンギャルド映画論批判」発表	
1966	5・8 神戸映サ、神戸自主映協と再統一 夏 大島渚を訪ね、「映画と批評の会」再結成を呼びかける	4・15 全国自主上映協議会、全国勤労者映画協議会に改組
1969	5・20 『若者はゆく』試写。山内久に手紙を書く	4 『映像芸術』廃刊

1970	4・9	神戸映サ第一八回定期総会「映画鑑賞運動の七〇年代構想」決定
1971	5・8～9	全国労映第六回定時総会（大阪）に参加。鑑賞運動の基本理念についての議論始まる
1972	4・23	全国労映第七回定時総会、規約前文を一部改正
	5・26	神戸映サ「市民映画劇場」スタート
	7	全国労映の機関誌名を『映画サークル』に改題
1974	4・21	全国労映「映画サークル全国連絡会議」に改称（第九回定時総会）
1976	4・24～25	全国映サ「映画鑑賞団体全国連絡会議」に改称、事務局長に選ばれる（第一一回定時総会）
	8	月刊『シネ・フロント』創刊
	10	『季刊 科学と思想』第二二号に「日本映画の娯楽性と芸術性」発表
1977	5	『映画論講座4 映画の運動』に「映画の鑑賞運動」発表
	7	『シネ・フロント』に専念するため、神奈川県平塚市に転居
1978	5・10	過労による持病悪化のため入院（復帰は七月）
1979	5・13	事務局長退任（全国映連第一四回定時総会）
1980	7・6	『シネ・フロント』全国映連機関誌でなくなる（全国映連第一五回定時総会）
	8	『シネ・フロント』休刊
1981	1	『シネ・フロント』再刊

注

まえがき

1 塚田嘉信『日本映画史の研究―活動写真渡来前後の事情』(現代書館 一九八〇年)

1 神港倶楽部があった場所は、現在の神戸市中央区下山手五丁目交差点から南に少し下がったあたり。道路横に「東郷井」石碑跡のモニュメントがあり、神港倶楽部があったことが書かれている。

序章

1 『記録映画』

教育映画作家協会(一九六〇年十二月「記録映画作家協会」に名称変更)の機関誌。一九五八年六月号から一九六四年三月号まで通巻六五号刊行された。筆者は、米長壽氏からこの機関誌を教えられ、氏が合本して保管されているものを借りて読んだ。二〇一五年十二月に不二出版から復刻版が発行されている。

2 山之内重巳(やまのうち しげみ)

本名、根岸純。一九二一~二〇〇六年。一九四〇年代末の東京映画サークル協議会結成に参加。六〇年代初めにかけて、城北映画サークル協議会に所属し、東京映画愛好会連合の中心的活動家として活動した。本名、没年は佐藤洋氏に教えていただいた。

3 佐藤洋「映画を語り合う自由を求めて―映画観客運動史のために」(『日本映画は生きている 第三巻 観る人、作る人、掛ける人』岩波書店 二〇一〇年 所収)、佐藤「第一次労働組合映画協議会の位置づけ―独立映画運動の一源流としてのその存在」(『映画学』第19号 映画学研究会 二〇〇六年二月 所収)、中井怜「映画サークル運動の過去

と現在」(『第六回映画観客団体全国会議議案書』一九六三年十二月二日、東京私鉄会館)、多田道太郎「大衆文化運動」(『複製芸術論』勁草書房 一九六二年 所収)、岩崎昶『現代日本の映画 その思想と風俗』(中央公論社 一九五八年)参照。

敗戦直後の映画観客の動きについては佐藤洋氏が三つの流れ(1戦前からの映画鑑賞集団の再結集、2映画館主導の鑑賞者グループ組織化、3労働組合の文化活動の一環)を抽出している。3の流れのなかに労働組合映画協議会の流れと映画サークル協議会の流れがあったといえる。実際のグループの誕生はそれらの流れの混合物ではないだろうか。たとえば神戸では、大衆の集合欲望をベースに3の二つの流れの混合として「映画サークル」が生まれたと思われる。労映は、地方によっては併存・対立が続いたようだ。多田道太郎は、大阪では映画サークル協議会が結成されるとき、すでに活動していた関西労働組合映画協議会(大阪労映)が分裂する事態が起きたとしている。趣味の集まりの呼称は、「サークル」以外に「リーグ」があった。私見であるが「リーグ」という呼称にはアメリカ文化の影響が感じられる。

4 東宝争議

正確には第三次東宝争議。一九四五年十二月五日に結成された東宝撮影所従業員組合はその要求に「経営・企画への参加」を掲げ、一九四六年十月の第二次争議で職場委員会制を獲得する。こうして企画会議に組合代表が参加し意見をいう体制が生まれた。これに対し東宝資本は一九四七年十二月、「反共の闘士」を自認する渡辺銕蔵を社長に迎え、組合に対抗する。渡辺社長は経営陣を一新し、一九四八年四月、千二百名の解雇を通告。これに対し組合はストライキで応じ、撮影所を占拠した。この占拠は八月十九日、東京地方裁判所の仮処分決定にもとづき、警視庁の警官隊によって強制的に解除されたが、そのとき占領軍は戦車七台、飛行機三機と一個中隊の軍隊を出動させ撮影所を包囲威嚇した。この事態のなかで組合側はスクラムを組んで撮影所から退出した。後日「来なかったのは軍艦だけ」といわれる。この争議は、十月に伊藤武郎委員長ら組合幹部二十名が自発的に退社することと引き換えに、会社側が人員整理案を撤回するということでひとまず終結した。佐藤忠男「東宝争議」(『講座 日本映画5 戦後映画の展開』岩波書店 一九八七年 所収)参照。

5 『映画と観客』

東京映愛連の中井怜を発行人として、全国の映画観客団体の活動家からの投稿を掲載した。神戸映サには第一号から第四号が保管されている。

6　木崎敬一郎「映画の鑑賞運動」(『映画論講座4　映画の運動』合同出版　一九七七年　所収)一五二ページ
この論稿は、木崎が講座の性格を考慮したためであろうか、自主上映運動を鑑賞運動の歴史のなかに整合性をもって位置づけようとしており、そのため「木崎理論」の核心が曖昧になっている。同じころに書かれた「映画鑑賞運動の理論」(『シネ・フロント』一九七六年九月号　三二ページ)でも、「理論的に未熟で(……)会議に無用の混乱を与えてしまった」と記している。もちろん完璧であったわけはないが、当時の木崎の認識は違っていたはずである。

第一章

1　『れふれくたあ』『レフレクター』
神戸映サ内で組織された映画研究部(会)の会報。この研究会の発足の経緯は分からない。残存するのは創刊号と第二号、第六号、第七号、第八号で、以後は発行されていない。創刊は一九五五年の四月十五日で、発刊のことばを増本烈(注33)が書いている。編集者は菅昭男となっているが、菅の名前は第六号以後にはない。足立二朗は第二号から参加している。第六号「編集後記」で足立が「長い間途絶えていた『レフレクター・6号』を、多くの協力を得て発行できたことは嬉しい」と書いているところをみると、発足後しばらくして活動が途絶えたのだろう。発足当時のメンバーで五七年に残っているのは増本烈と足立二朗、山上正(山上の名前はこのとき見えるだけで、どのような人物か分からない)の三名のみで、木崎はもちろん有井基、米長壽、西尾晟ら十七名は新メンバーである。第六号はガリ版刷り、B5判、四〇ページで、「映画の観方について」という特集を組み、足立、米長ほか四名の原稿が掲載されている。そのほか足立は『米』(今井正　一九五七年)について、米長と西尾が『屋根』(デ・シーカ　一九五七年)について、作品評を載せている。米長と西尾は神戸学生映画研究会会員でもある。また、有井が投稿しはじめるのは木崎と同じく第七号以後である。

2　木崎は本名を木崎正司(きさき　まさし)というが、神戸映サの活動家になってからは木崎敬一郎(きざき　けいいちちろう）の通称を用いた。それ以前、演劇や文学を志していたときは、真下敬（ましも けい）を用いていた。そのほか神戸映サの機関誌や『シネ・フロント』誌上では花原弓（はなはら ゆみ）の筆名をしばしば用いている。残念ながら生前にそのいわれを尋ねたことはない。

3 足立二朗（あだち じろう）
一九三一年生まれ。生地、没年は不明。一九五五年春ごろ神戸映サに参加。常任幹事として主に映画研究部（会）、機関紙部にかかわる。「映画と批評の会神戸支部」会員。荒川純の筆名で数々の批評を発表した。港湾関係の労働者であり、一九六三年、広島へ転勤のため神戸を離れた。『レフレクター』第二号に投稿した「私の映画遍歴」で、敗戦後廃墟の中で方向を失った人間としてボンヤリして、学校をさぼってよく映画をみに行っていたが、その頃は批判はおろか理解しようという気持ちさえなかった。それが『無防備都市』に「異常な衝撃」を受け変わったと書いている。

4 『西住戦車長傳』
松竹映画。「軍神」西住小次郎を扱った戦意高揚映画。原作は菊池寛が新聞に連載した小説。監督・吉村公三郎、脚本・野田高梧、出演・上原謙、佐分利信、桑野通子。一九四〇年十二月一日（日）、聚楽館（新開地）と元町松竹で封切られた（一九四〇年十一月三十日付「神戸新聞」広告参照）。木崎の記憶は一九四〇年十二月のものと思われる。とすると、そのわずか一、二か月後に父母と離れたことになる。この思い出は私も木崎から直接聞いているが、正確な作品名、封切日などは鵜久森典妙氏に教えていただいた。

5 疎開については、木崎が神戸高校一年生のときに書いた「旅」と題する作文によった。木崎が通っていた荒田小学校は一九四四年八月から学童疎開を始めているが、木崎は翌年春まで兵庫区荒田町の実家に留まっていたと思われる。

6 橘高次郎（きったか じろう）
この人物についてはよく分からない。一九五五年四月発行の『レフレクター』創刊号に同姓同名の人物が「一九五四年アメリカ映画メモ」という論評を書いており、日記の人物と同一人と判断した。

7 米長壽（よねなが ひさし）

一九三五年二月、福井県武生市（現、福井市）生まれ。元音楽プロデューサー。神戸大学在学中の一九五五年秋に神戸映サに参加。「映画と批評の会神戸支部」会員。一九五八年三月卒業後上京し、『映画批評』編集部員となる。同誌廃刊後神戸に戻り、神戸映サの映画研究会に復帰するが、一九六三年十月、勤労者音楽協議会関西連絡会議の事務局長となったため映サ活動から離れた。米長氏には「神戸映画サークル協議会の五十年」執筆時にインタビューをしたが、本書執筆にあたっては、二〇一五年六月五日、九月二十一日、十一月六日、翌年六月二十日の計四回インタビューをしている。

8 兵庫県庁を辞めた理由はレッド・パージであるとの伝聞もあるが、現在までその正確な理由はつきとめていない。

9 鶴見俊輔はこの時期のサークルの自発性の高まりを日本共産党の分裂による指令の緩みとの関連で指摘している（『戦後日本の大衆文化史―1945～1980』岩波書店　一九八四年　一七三ページ）。鶴見の指摘する要因とともに、占領終結から一九五〇年代末にかけては政治権力の再構築過程であり、多くの可能性が開かれた空間があったといえるだろう。

10 この特技は木崎が自らの主張を広く知らせるのに役立った。このことの重要性は清水義之氏に教えていただいた。二〇一五年十月十二日、神戸市垂水区内でのインタビュー。

11 清水義之（しみず　よしゆき）
一九三九年、神戸市神戸区（現、中央区）東川崎町生まれ。父は港湾労働者。幼いころから新開地で映画をみて育った。一九五〇年代末ごろ神戸映サに参加。一九六一年春からは観賞対策委員として映画評を『泉』に発表しはじめ、『大衆批評‐α』第一号の編集にもかかわるが、一九六五年四月、姫路市へ転勤となったため神戸を離れた。

木崎は、鶴見俊輔のこの論文を『映画評論』一九五二年十一月号で読んだと思われる。

この論文は、その後一九五九年十二月に筑摩書房から出版された『誤解する権利―日本映画を見る』に収録されるが、木崎はこの本もすぐに読んだと思われる。

波多野哲朗は「解説―戦後日本映画批評十年史をめぐるその継承なき連続のことばについて―」（『現代日本映画論体系　第一巻　戦後映画の出発』冬樹社　一九七一年　所収）のなかで、鶴見のこの論文にふれ、次のように位置づけている。

「鶴見が『誤解した』ひとつの『振袖狂女』であった。（……）彼はいう『ぼくは、日本の民衆のあたえられて来た大衆芸術が〝低い〟から、それらを〝より高い〟ものである西洋の近代小説などによってオキカエることで、日本人の精神生活を近代化しようとする思想に、うたがいを持つ。低いとか、高いとかは、ある一つの尺度で計れば、いちおう言えることだが、一つの尺度にあてることで、作品の中にある可能性は、くみつくせない』と。この論文はおそらく大衆映画に積極的に注目した最初のものだろう。（……）鶴見の映画論は、また公的な視覚を捨てて、個的な視覚に執着するものであった」（同書　五八八ページ）

12　西尾晟（にしお　あきら）
一九三六年三月、中国・瀋陽生まれ。元香川勤労者音楽協議会事務局長。神戸大学在学中の一九五五年秋、米長壽氏とともに神戸映サに参加。「映画と批評の会神戸支部」会員。一九五八年三月卒業後、京都勤労者音楽協議会の事務局員となり、一九六一年から香川労音事務局長となる。

13　米長壽「映画の音」
この論文は『映画批評』一九五八年二月号「同人雑誌素見」欄で佐藤重臣が絶賛し、同誌一九五八年七月号、八月号に再録された。

14　村上二郎「多難な航路を星座みつめ…六周年をふり返って（2）」（神戸映サ機関紙『神戸映画の友』一九五七年新年号）。
村上はこのなかで、神戸映サの歩みを「独立プロ一辺倒」の時代、「サークル活動一辺倒」の時代、「見たい映画を安く見よう」の時代と整理し、今ようやく「自分の目で映画を選び、見、語る」運動の段階に来ている、と結んでいる。

15　一九五八年七月十日付「サークル⑤」に掲載された「機関紙『泉』の編集方針」と題する文章。
この当時、機関誌『泉』とは別に、サークルの代表者向けに主に組織方針を伝える目的で『サークル』と題するガリ版刷りの印刷物が適宜発行されていた。『サークル』については保管状況が悪く詳細が不明である。

16　嶋田勝次（しまだ　かつじ）
一九三一〜二〇〇七年。神戸市生まれ。元神戸大学教授。専門は建築デザイン、建築計画、都市計画。

神戸大学工学部の学生、助手時代に神戸映サの機関紙編集に参加。「みちる」の筆名で健筆をふるった。嶋田氏はエッセイ集『身近かな風景』（ジュンク堂書店 一九九五年）のなかで、神戸映サと有井基の思い出を綴っている（同書 八〇ページ）。

17 「一九五八年日記」の一月二十六日に、木崎はその日の朝『怒りの孤島』の試写会とそのあと合評会がもたれたことを記しているが、「作者の態度が真面目である」とか「貧困を描いている」とかによって「一見の価値ある映画」だという多数意見に対し、「安易な類型描写でもって同情によりかかろうとしており、決して『良い映画』なんてものではない」と力説したと書いている。この日はそのあと村上と『張込み』も見ていて、この作品についても二人で話している。この匿名の対談はこのときの議論をもとにしたものと思われる。

18 神戸新聞社
神戸新聞社は、一九四五年三月十七日の神戸空襲で神戸区（現、中央区）東川崎町にあった本社ビルが全焼したあと、兵庫区湊川町（新開地）に移転していたが、葺合区（現、中央区）雲井通一丁目に神戸新聞会館を新築し、一九五三年五月三日移転した。神戸新聞会館は地上九階、地下三階のビルで、三〜七階部分にはOS系映画館（新聞会館大劇場、スカイシネマ）があった。印刷工場は地下一〜三階部分（吹き抜け）で、労働組合の事務所は地下一階部分にあった。この建物は一九九五年一月十七日の阪神大震災で全壊した。二〇〇六年十月、その跡地に「ミント神戸」（正式名称「神戸新聞会館」）がオープンしている。

19 最初の『泉』編集部は、木崎、荒川純（足立二朗）、有井基、嶋田勝次、島村貞禧代、篠原博、中川強、柳田茂信、真鍋義雄、芝野光男が担当したとされているが、柳田氏は「自分は編集にはまったく関与しておらず、有井さんや木崎さんに頼まれて原稿を書いただけ」と語った。編集プランは木崎の強力なイニシアティヴのもとに決定され、その決定に関与していたのは荒川、有井、村上であったと考えられる。二〇一七年八月十九日、神戸市長田区内での柳田茂信氏へのインタビュー。
柳田茂信（やなぎだ しげのぶ）
一九三六年、神戸市兵庫区生まれ。一九五四年、神戸新聞社印刷部に入社。一九五八年、神戸映サ入会。有井に勧められ機関誌『泉』に投稿するようになる。筆名・やなぎまさる。一九六四年、結婚を機に退会した。

20 大きな職場サークルでは独自の機関紙が発行されていた。現在神戸映サには『港湾映画の友』(全日検映画サークル)、『友』(川崎造船映画サークル)、『POST映画ニュース』(灘郵便局映画サークル)、『中電映画サークル』(中央電報局映画サークル)、『菱映クラブ』(三菱造機映画サークル)が残っている。

21 有井基(ありい はじめ)

一九三二~二〇〇六年。元神戸新聞論説委員。一九五六年春ごろ神戸映サに参加。木崎編集長のもとで機関誌編集に携わった。「映画と批評の会神戸支部」会員。当時、有井は神戸新聞労組の書記局員であった。一九五九年、「デイリー・スポーツ」の「臨時雇い」となり、数年後に神戸新聞に正社員として採用された。こうした経歴は柳田氏が保管しておられた年度ごとの「神戸新聞社員名簿」で判明した。当時、神戸新聞労組事務所で映画の「金券」(入場券のこと)を扱っており、柳田氏も「金券」を買いに行って、有井から神戸映サに誘われた。

22 「映画と批評の会」と『映画批評』

「十一月から十二月にかけてのとびこみ行脚が、神戸映画と批評の会の成立、その組織的な研究活動として、ようやく小さな実を結び始めた。映画サークルにはめずらしく、ユニークな個性とひとりだちした考え方の持ち主が多く、有井基、木崎敬一郎、村上二郎、米長壽、足立二朗、西尾晁が十二月七日『映画と批評について』を皮切りに着実な研究活動をはじめだした」(粕三平『映画批評』(第一次))。なお、結成日付に食い違いがあるが、神戸支部報告の日付を採った。

『映画批評』は制作者懇談会映画部会の熊谷光之(粕三平)が中心となって一九五七年六月創刊された。熊谷は私財を投じて発行をつづけながら、「全く新しく、広汎な、そして現実を変革して行くべき映画運動とその組織を模索して」各地の映画サークルや大学映研、撮影所などを説得して歩いた。そして一九五七年十一月に「映画と批評の会」第一回総会にこぎつけた。しかし一九五九年一月号を出して途絶えた。『映画批評』誌は全巻が木崎の蔵書にあった。

山際永三「重い運動体験―《映画批評》運動の総括」(『映像芸術』一九六五年七月号)、粕三平「戦後の映画雑誌①『映画批評』(第一次)」(『映画批評』一九七〇年十月号)、粕三平「けものみちの地平―第一次『映画批評』の盛衰」(『映画芸術』一九九六年十月号)参照。

23 「私はなぜ映画批評をするか」と題したガリ版刷り文書。

24 有井基「映画と批評の会—研究報告— 神戸支部」（『映画批評』一九五八年二月号 四二、四三ページ）「リアリズムの生れる地点は、大衆の生活の中から発展の契機を発見し、それを歴史の本質的な面での発展として把えたところにおいてであり、歴史の断絶から現実の人間像を把えることはできない。（……）『アバンギャルドの精神は、国際性と民族性の結合の法則および伝統を意識化してとらえることにあるのではないか。それなしにただ形式を追うのでは、単なるモダニズムにおわり、むろん社会主義リアリズムと結びつく可能性など残りはしない。』（安部公房）作品創造の場合においても、作品価値の評価基準の場合にも、そうした意味での伝統にもとずいた批評の働きかけがなければ、リアリズムの深化も革新もありはしない。また、『芸術上のプログラムも、政治上のプログラムも、これを決定するのは内部の現実意識だ』という観念論の横行をせき止めるためにも、批評に伝統の評価が導入されなければならないと考える」

25 現在、「うどん京屋元町店」がある場所にあった喫茶店。二階は個室になっていた。いつごろ閉店したのか調べたが分からなかった。

26 木崎「映画と批評の会—研究報告— 神戸支部」（『映画批評』一九五八年五月号 六〇、六一ページ）参照。神戸支部は、このほか、同誌一九五八年七月号に研究会報告をしている。

27 木崎の『眼には眼を』作品分析は「カイヤット論」として『映画批評』一九五八年七月号に掲載される予定（同誌同年六月号「編集後記」）であったが、掲載されなかった。

28 「矛盾のなかで—映画サークルと批評活動」（『映画批評』一九五八年十二月号 四八～五一ページ）。なお、参加者の名前が吉村道子となっているが、道与（みちよ）の誤植である。ただし「與」の漢字が使われている資料（東京映愛連六二年定期総会議案書）もあり、正確な本名は不明。

29 鶴見和子「中国文学について」

戯曲台本「歌声よ高く（第三稿）」のエピグラフ。この台本は一九五六年二月二十七日に真下敬の名前で書かれた。木崎がこの文章をどこから引用したかは不明である。

「集団創作の方法、それは——単数又は複数の専門家（既成作家）が、一般の生活者（大衆）と生活を一緒にすることと話しあいをすることをとおして交流しあいながら、あるいは材料なり、意見なりを出してもらうとか、批評してもらうとか、一部を書いてもらうとかいうかたちで、創作の全過程――テーマの設定、人物の創造、実際に書くこと、書きなおすこと等――に大衆の積極的な参加をもとめながら、その大衆の生活を文学作品として結晶させていく方法である」

30 木崎「新しい文化創造のための勢力中核になろう――一九五九年の運動方向について」

31 一九五八年十一月三十日の常任幹事会に討議資料として提出されたガリ版刷り、B5判、一二ページの文書。

32 「映画と批評の会」による全国の映画サークルに対するアンケート調査結果。高倉光夫「映サと批評活動―方向とその実態」(『映画批評』一九五八年十月号 四九ページ)。

33 木崎はほとんど引用先を明示していない。おそらく『映画評論』『知性』『思想』『文学』などの雑誌からと思われる。明示しているのは、東洋『文学と芸術の心理学』、マルセル・マルタン『映画言語』(みすず書房)、加藤秀俊『マス・コミュニケーション』である。

34 増本烈(ますもと たけし)

一九三一年、神戸市葺合区(現、中央区)生まれ。一九五一年の『どっこい生きてる』(今井正)の上映運動に加わり、神戸映サに参加。一九五七年に会社が倒産し失業後、木崎と同時に専従となり、組織運営の要として活躍した。一九六二年に船曳良一の後を受けて事務局長となるが、翌六三年、大学生活協同組合設立に加わり、映サ活動から離れた。増本氏には「神戸映画サークル協議会の五十年」執筆に際して数々の助言をいただいたが、本書の執筆に際してはインタビューできなかった。

35 第五回映画観客団体全国会議議案書には第一議案「映画サークルの性格について」の報告者として北村英治の名前だけが載っている。

36 宝塚阪急旅行会館

兵庫県宝塚市宮ノ下にあった五階建ての宿泊兼会議施設。隣には宝塚映画製作所があった。一九八二年に営業を停止。現在、その跡地には「サンタクルス」ビルが建っている。

有井基氏に対するインタビューは、「神戸映画サークル協議会の五十年」執筆のために、一九九七年十一月十九日に神戸市中央区内で行ったが、このとき筆者には当時の神戸映サの実情について深い理解がなく、一般的な質問しかしていないために詳しい事情は聞けていない。

37 『泉』通巻一〇〇号記念号
この記念号には、高倉光夫と野田真吉が長文の論稿を寄稿している。とくに野田が寄稿した「生産的映画サークルについて」のなかで展開される映画サークル論は、木崎が宝塚会議で展開した「木崎理論」と呼応するものであり、一九五八年から五九年秋にかけて木崎と野田とのあいだで深い意見の交流があったと推測せざるを得ない。野田の文章は約八千字に及ぶものである。その一部を採録しておく。

「僕は映画サークル運動をサークル員の生産的生活面の《ママ》有機的に結びつけることで、映画を中心にサークル員の内部意識を変革していき、サークル本来の反体制的、生産的観客組織体にすべきだと思うのです」

「僕は批評活動を、映画を中心にしてすすめると同時に批評活動をすすめるために、批評活動の一環として映画からはなれて生活的な諸要求諸問題を話し合い、学習し、討論する活動をなし、行動をし、その成果を映画批評活動にかえすといった往復運動のなかで、しだいに意識を変革し、映画に対する要求を生産的な生活面の要求の自己充足的なものから、本来の文化的要求にかえしていくべきだと思います。映画サークルの活動をすべての生活の要求に密着させ、その裏づけと関連のもとでの映画批評活動はなされなければなりません」

38 米長氏が保管されていたものを見せていただいた。

39 武田光雄（たけた みつお）
一九〇七年五月、山形県鶴岡市馬場町生まれ。一九二七年四月（十九歳のとき）、東京新宿武蔵野館で岩崎昶の『映画美学以前』を買い読んで、初めて映画というものを考えるようになった。そのとき『落花長恨』を徳川夢声の映画説明で聞き、ファンになる。とりわけ『アッシャー家の末裔』（弁士・徳川夢声）に感動し何回も観ている。戦前から鶴岡での映画鑑賞グループに参加し、戦後「T・C・L（鶴岡シネマリーグ）」を立ち上げ、鶴岡生協専門部映画委員会発足と同時にその委員長（専従）に就き、亡くなる直前まで現役として活動を続けた。武田は映画を「何が、どのように、描かれているか」という観点で観、克明な「場面分析ノート」を作った。彼の主宰する映画批評の集まりからは多くの有能な人材が輩出した。彼らはそれを「武田学校」と呼んで慕った。二〇〇一年十月二十四日死去（享年九十四歳）。

武田氏の経歴については、鶴岡市在住の髙橋はる子氏に、お手紙による詳しいご説明をいただいた。『映画委員会のあゆみ』（一九八〇年十一月、武田光雄さんの古希を祝う会発行）、『映画委員会のあゆみ』（二〇一〇年八月、共立社鶴岡生協映画委員会）、『共立社鶴岡生協映画委員会 機関誌縮刷版（第1号～第489号）』（二〇〇二年九月十六日発行）参照。

40 鶴岡生協映画委員会機関紙『映画のなかま』一九六一年二月号の「活動日誌」は木崎夫妻の来鶴を十二月二十八日から一月五日と記している。当時の日記はなく、出発日時は木崎がメモした「旅行計画」によった。
郁子夫人はこの旅行のことをほとんど忘れておられるが、不思議な出来事を思い出された。

「帰路、木崎は突然東京駅で下車し、どこかわからないがビルの中の事務所を訪ねた。そこに武井昭夫がいて、何人かに電話をかけて呼んだ。花田清輝もいたと思う。そして帰神が延期され、その夜船で大島へ渡り、翌日は伊豆へ行ってもう一泊したあと、再び東京に戻り、木崎は誰かと会った。その日、私はどこでどうしていたのか。思い出せない」。木崎がこのときどんな目的で、誰に会ったのか、帰神後、夫人がいくら聞いても話してくれなかった。

この件について、米長氏にも尋ねたが、聞いておられなかった。『暮らしの手帖』の事務所があったという夫人の記憶から、その事務所は東京都中央区銀座西八―五 日吉ビルにあった「記録映画作家協会」事務所であったことが判明した。木崎のこのときの行動は、その後の彼の言動から「映画と批評の会」再結成に絡むものであろうと推測するが、正確なことはわからない。

41 「映画を育てる／最前線の人びと⑰ 武田光雄さん」（『シネ・フロント』一九九六年十一月号 五八～六一ページ）
木崎はこのなかで「いまの映画で××のカットのつぎに〇〇のカットがありましたが、あれはどういう意味なんでしょうか」と武田氏から尋ねられたと書いている。考えてもいなかったことを突然尋ねられたため、はっきりとは覚えていないのだろう。木崎は、その後「場面分析ノートを作るようになった」と『眼には眼を』を例としてあげているが、この作品は五八年三月の封切であり、木崎は武田氏と会う前にすでに「ショット分析」を試みている。

とはいえ、この文章は長年交流を続けてきた木崎だけが知り得た内容が含まれており武田についての重要な証言である。

42
「大衆批評研究会の討議報告」ガリ版刷り B5判 五ページ
この文書の存在は米長氏にお教えいただいた。
「（……）わたしたちが批評精神の高い現実への対決者に自己を変革していくためには、わたしたちの内部に形成されているこの体制に支配され、体制に順応しようとする論理を、現実に対決していくなかで対自化し、（……）それを破壊し再構成していく内部斗《ママ》争に力を注がなければならない。（……）映画にむかってそのような姿勢でアプローチをかけようとするのが、わたしたちのいう〝大衆批評〟である」

43
小坂和男（こさか かずお）
一九三七年六月、神戸市林田区（現、長田区）生まれ。五〇年代末に神戸映サに参加。一九六一年秋の映画研究会再結成に加わり、一九六三年に木崎が事務局長となってからは、その片腕として神戸映サを支えた。「市民映画劇場」発足当時のリーダー。木崎が『シネ・フロント』を創刊して以後は、神戸の地にあって木崎の編集を助け続けた。二〇〇四年六月六日死去（享年六十七歳）。

44
『大衆批評－α』第一号
ガリ版刷り、厚紙B4二つ折、一二ページ。内容は、映画研究運営委員会訴え（一ページ）、作家への手紙 吉田喜重『秋津温泉』をめぐって 荒川純（二～三ページ）、映画研究会 討議内容の報告1『アメリカの裏窓』『夜と霧』『飼育』木崎敬一郎（四～八ページ）、作品研究『尼僧ヨアンナ』米長壽（九～一二ページ）、あとがき（一二ページ）。

45
木崎・松本論争
『記録映画』一九六二年一月号で木崎が松本俊夫の『安保条約』を批判したのに対し、翌月号で松本が反批判した論争。松本の論文「大衆という名の物神」は『映像の発見』（三一書房 一九六三年）に収録されている。

46
共産党内部の対立
たとえば、阪本裕文は「解説『作家協会会報』と、一九五五～一九六四年までの記録映画運動について」（「『記録映画作家協会会報』解説・総目次・索引 不二出版 二〇一七年）のなかで、「『記録映画』において展開された松本俊夫と木崎敬一郎の政治的背景を含んだ論争」と紹介している。これが現在の通説であろう。

その少し前には、記録映画作家協会内でも松本俊夫と花松正卜、丸山章治らとのあいだで激しい論争が行われている。

しかし、あらゆる規定は否定であり、事実の断面を切り取った切片である。現実の木崎は、そして松本も、「別の可能性」をもった多義的存在である。その小さな「身振り」に気づくためには、逆に当事者から少し離れる必要がある。

熱くなった当事者の目には、対立する相手の顔しか見えていなかったとしても、それは「コップのなかの嵐」のごとき小状況であり、共産党員どうしの激しい論争の外には、それとはまったく別の世界が動いているのである。そのことはたとえば『沢木耕太郎ノンフィクション 第Ⅳ巻 一九六〇』（文藝春秋 二〇〇四年）を読むだけで簡単に見えてくる。当時、記録映画作家協会会員の自由を奪っていた最大の物理力は、国家権力であり、資本の力である。左翼運動内部の主導権争いというものは、その磁力の強まりの反映だと、私は考えている。ここには過去のテキストを読解することの特別の困難性がある。

第二章

1 一九六二年七月二十日『東京映愛連臨時総会議案書』（於、渋谷労政会館）参照。

2 山田和夫『日本映画の現代史』（新日本新書 一九七〇年四月初版）二〇三ページ。

3 『全国自主上映協議会一九六六年臨時全国総会議案書（1）』『全国労映NEWS』No.1 一九六六年五月一日付参照。

4 玉林定治郎氏とは二〇〇八年十一月八日に開かれた早稲田大学演劇映像学会第二十八回研究発表会のシンポジウム「いま映画サークル運動をふり返る意味とは」で同席し、お話をうかがった。

5 当時の『戦艦ポチョムキン』への熱狂は現在では想像もつかないので、詳しく書きとめておく。映画館による通常の興行ではないので、観るためには、前もって一人八〇円の入会金を払って「上映促進会」の会員にならなければならなかった。神戸では、一九五九年三月十八日、総評や神戸映サ・神戸労演などの団体によって「神戸上映促進会」が正式発足し、五月十三日水曜日に新聞会館大劇場を借り切って上映することを決め、申込みを開始したが、申込みが殺到し、五月十六日の土曜日に新聞会館大劇場で四回上映することになり、それでも足りず、五月二十四日の日曜日に海員会館でアンコール上映（四回上映）をした。関西地区上映のために、「名画上映関西促進会」が特別にパンフレット（二二ページ、一部五〇円）を作成しているが、表紙は画家の鴨居玲が描いている。このパンフレットは現在も神戸映サに保存されている（『泉』一九五九年四月号、大阪映サ・神戸映サ合同機関誌『映画サークル』一九五九年五月号、『泉』ニュース版一九五九年六月号参照）。

6　『全神戸映画サークル協議会一九六六年臨時総会議案書』『神戸映画サークル協議会一九六六年定期総会議案書』参照。神戸自主映協との統一後、神戸映画サークル協議会は機関紙名を『映画サークル』に変更した（変更は一九六七年四月号通巻一八二号から）。

7　木崎「七〇年代に要求される運動を構想して　映画サークル二五年小史③」（神戸映サ機関紙『映画サークル』一九七五年十月号）参照。

8　「市民映画劇場」
神戸映サが一九七二年五月に始めた自主的例会の名称。この例会を中心とした鑑賞批評活動の構想によって鑑賞運動と自主上映運動との統一理論を打ち立てた。「市民映画劇場」は一九九五年一月十七日の阪神大震災で三か月間中断したほかは、現在まで毎月欠かさず開催されている。名称を「勤労者……」とせず、「市民……」としたことにも木崎のこだわりがある。

9　私にこの推測を抱かせたものは、木崎が二十二歳の春（一九五四年五月）に書いた「東京の空」という詩である。「（……）私は東京の空の下に、ありもしない希みをかけていた。（……）あらぬ方に、／はなやかな夢を描いて、／東京の空を憧れることは、もうよそう（……）」と綴っていることが、私には逆に読めた。

10　郁子夫人によると、木崎は「中井怜君がいてくれたらなぁ」とよく言っていた。中井怜は玉林定治郎氏とともに「中部映画友の会」結成にかかわり、その後東京映愛連の専従となった活動家であるが、木崎ととりわけ親しかったようである。

第三章

1　鶴見俊輔「芸術の発展」（ちくま学芸文庫『限界芸術論』一三〜一六ページ）参照。

2 鶴見「円朝における身ぶりと象徴」（ちくま学芸文庫『限界芸術論』二五八ページ）参照。

3 第一章注37参照。

終章

1 「わたしが藤沢にある大島の家で彼とひさしぶりにあったのは、六六年の夏だったと思う。当時、『新日本文学』誌上に武井昭夫が連載していた評論のことが話題になったのを覚えている。（……）かつての『映画批評』のような雑誌と運動が《ママ》映画サークルのベースで再組織する意図があり、その協力要請にいっていたのである」（「わたしにとっての大島渚　その出会いから別れまで」　神戸映サ機関誌『映画サークル』一九七二年四月号）

2 「鎌倉映画塾での講義録⑫　七〇年代日本映画の創造的課題」（『シネ・フロント』一九九三年七月号　六二～六五ページ）、DVD　神戸映画サークル協議会五〇周年記念作品『記憶の夏　二〇〇〇』（筆者が、二〇〇〇年八月二十四日、神戸市灘区六甲町で行った木崎へのインタビュー映像を収めている）参照。

『若者はゆく』の神戸公開は一九六九年六月であるが、公開に先立って五月二十日に朝日会館で試写が行われ、木崎はそのときこの映画を観ている。山内久とは晩年まで親交があった。二〇〇〇年五月に発行された『山内久　人とシナリオ』（シナリオ作家協会）の「解説」は木崎が書いている（「〈解説〉若者とともに苦悩し、時代を見据える人」）。

塩見正道（しおみ　まさみち）
一九五一年、京都府生まれ。元神戸映画サークル協議会委員長（一九九六～二〇〇二年度）。
現在も神戸映画サークルの仲間と同人誌『映画批評』の発行と「シネサロン」を続けている。

＊

「木崎理論」とは何か　映画鑑賞運動の理論と木崎敬一郎

二〇一八年六月二五日　初版第一刷発行

著者――塩見正道
発行者――風来舎
尼崎市西大物町一二―一　〒六六〇―〇八二七　電話・ファクス（〇六）六四八八―二一四二　振替〇一一〇〇―六―一三二一五
印刷・製本所――株式会社ＮＰＣコーポレーション

ISBN978-4-89301-946-2 C0074 NDC778 142P 19cm
定価は表紙に表示しています。落丁・乱丁本はおとりかえします。